Marzena Smolak

Breslau 1945 und heute

Marzena Smolak

Breslau 1945 und heute

zeitgenössische Aufnahmen
Stanisław Klimek

Via Nova

Die im Buch präsentierten Archivfotos stammen aus den Sammlungen des Zentralen Militärarchivs [ZMA], des Architekturmuseums Breslau [AM], des Stadtmuseums Breslau [SM], des Verlags Via Nova [VN], der Ossoliński-Nationalbibliothek [ONB] und des Zoo Breslau.

Die Abbildung auf Seite 7 ist Eigentum der Breslauer Universitätsbibliothek. Die sonstigen textbegleitenden Fotografien stammen aus den Sammlungen des Stadtmuseums Breslau.

Die Luftaufnahmen von Breslau 1947 aus dem Zentralen Militärarchiv wurden 2009 im Buch von Jakub Tyszkiewicz und Michał Karczmarek *Breslau 1947. Luftaufnahmen* vom Verlag Via Nova veröffentlicht.

Für die angenehme und verständnisvolle Zusammenarbeit an diesem Bilderbuch gilt allen oben erwähnten Einrichtungen, ihren Direktoren und Mitarbeitern der herzliche Dank der Autorin und des Verlags.

Redaktion
Cezary Żyromski

Aus dem Polnischen von
Jerzy Pasieka (Vorwort und Text *Wrocław 1945*)
Małgorzata Słabicka (Bildunterschriften); Lektorat: Peter Gosda

Umschlaggestaltung
Katarzyna Klimek

Einscannen der Fotografien aus dem Stadtmuseum Breslau
Tomasz Gąsior

Druckvorbereitung der Abbildungen
Stanisław Klimek

Layout und Textsetzung
Elżbieta Klimek, Jarosław Połamarczuk

© by Wydawnictwo Via Nova, Wrocław 2015

Alle Rechte vorbehalten. Kein Teil dieser Veröffentlichung darf in jeglicher Form elektronisch oder mechanisch reproduziert oder weitergegeben werden. Dies bezieht sich auch auf fotografische Vervielfachung, digitale Aufzeichnung und alle anderen Arten von Datensuche und Datenerfassung.

Wydawnictwo Via Nova
50-072 Wrocław
ul. Pawła Włodkowica 11
www.vianova.com.pl

ISBN 978-83-64025-26-6

Deutschland:
Laumann Druck & Verlag GmbH & Co. KG
Postfach 1461 · D-48235 Dülmen
Tel. 0 2594/94 34-0 · Fax 0 2594/94 34-70
E-Mail info@laumann-verlag.de
Internet www.laumann-verlag.de

ISBN 978-3-89960-439-9

Vorwort

Den Polen, die im Mai 1945 in Breslau eintrafen, bot sich ein dramatisches Bild einer zertrümmerten und mit Brandrauch überzogenen Stadt. Für das tragische Schicksal von Breslau waren die drei letzten Monate des Zweiten Weltkrieges entscheidend. Die Erklärung der Stadt zur Festung durch die NS-Führung, die verbissene Verteidigung bis zum 6. Mai, die sogar länger dauerte als die Verteidigung Berlins, sowie Artilleriebeschuss und Luftangriffe der sowjetischen Truppen hatten zur Folge, dass die schöne Odermetropole mit tausendjähriger Geschichte in einen großen Trümmerhaufen verwandelt wurde. Ganze Stadtteile, vor allem im Süden und im Westen der Stadt, hörten auf zu existieren. Es bedurfte größter Anstrengungen, um die Stadt aus den Trümmern wieder auferstehen zu lassen, sie aufzuräumen, die historischen Bauten wieder aufzubauen, Hochschulen, Museen, Theater und Industriebetriebe wieder zu eröffnen.

Die in verschiedenen Archiven, Bibliotheken, Museen und Privatsammlungen verwahrte umfangreiche Fotodokumentation vergegenwärtigt uns das ungeheure Ausmaß der Zerstörung Breslaus. Die Fotografien stammen sowohl von Berufsfotografen, Fotoreportern wie auch von Amateurfotografen. Im vorliegenden Bildband wird eine Auswahl von Fotografien aus den ersten Nachkriegsjahren 1945–1949 präsentiert. Eine Ausnahme stellen zwei Fotos dar: ein Foto von Stefan Arczyński von 1954, das den Musiksaal der Universität Breslau darstellt, und ein Foto von Tomasz Olszewski von 1960 mit Ansicht des Innenhofes des Königsschlosses. Auch die Urheberschaft der Sammlung von Glasnegativen von 1945 bedarf eines kurzen Kommentars. Auf Grund der früheren Veröffentlichungen und der Bezeichnungen der Karteikarten, bearbeitet von der Abteilung Bauwesen, Städtebau und Architektur des Präsidiums des Nationalrates der Stadt Breslau, wurden sie bislang Teresa Gorazdowska zugeschrieben. Dank der glücklicherweise erhaltenen und aufgefundenen Originalabzüge, die signiert und beschriftet waren, wissen wir heute, dass sie von Rudolf Jagusch stammen, einem deutschen Fotografen, der während der ganzen Belagerungszeit in der Stadt blieb. Durch Vergleich mit diesen Abzügen können ihm auch andere Fotografien aus dieser frühen, gleich nach dem Krieg erstellten Dokumentation der zerstörten Stadt zugeschrieben werden.

Bereits am 14. April 1945 traf in Breslau **Henryk Makarewicz** (geb. 1917 in Ostrowiec Świętokrzyski, gest. 1984 in Krakau), Kunstfotograf, Kameramann, Mitautor zahlreicher Dokumentarfilme und Mitarbeiter der Polnischen Wochenschau, ein. Neben zwei anderen Fotografen, Marian Apostolski und Adam Drozdowski, gehörte er der operativen Gruppe des ersten polnischen Stadtpräsidenten von Breslau Dr. Drobner an. Die Gruppe kam in Breslau an, als in der Stadt noch erbitterte Kämpfe tobten, so dass es ihr lediglich gelang, den Kaiser-Wilhelm-Platz zu erreichen. Nach der Kapitulation der Festung kam Makarewicz in Breslau wieder an, diesmal mit einer Filmgruppe der Polnischen Armee. In der noch brennenden Stadt drehte er damals einen Dokumentarfilm. Die in den Sammlungen des Museums der Stadt Breslau verwahrten Negative sind Standbilder von diesem Film.

Die Kriegszerstörungen dokumentierte auch **Rudolf Jagusch**, ein deutscher Fotograf, der seit 1933 in Breslau tätig war und sich auf Architekturfotografie spezialisierte. Mit seinen Fotografien sind viele Publikationen zur Geschichte, Kunst und Kultur Breslaus bebildert. Sie wurden auch als Ansichtskarten herausgegeben. Er ist vermutlich 1947 nach Deutschland umgesiedelt. Sein Fotoatelier an der Schmiedebrücke (ul. Kuźnicza) übernahm Krystyna Gorazdowska, die im Juni 1945 aus Warschau gekommen war.

Krystyna Gorazdowska (geb. 1912 in Warschau, gest. 1998 in Warschau) war beim Baureferat der Stadtverwaltung beschäftigt. Im Auftrag der Breslauer Wiederaufbaudirektion führte sie eine fotografische Bestandsaufnahme der zertrümmerten Stadt durch. Mit ihr arbeiteten Maria Bartsch und F. Jagusch zusammen. Sie war Gründungsmitglied des Breslauer fotografischen Vereins und ab 1950 Mitglied des Verbandes Polnischer Kunstfotografen (ZPAF). 1952 zog sie nach Zakopane um, wo sie das Tatragebirge und die Region Podhale fotografierte.

Marian Idziński (geb. 1913 in Kalisch – gest. 1995 in Breslau), Soldat, Sammler und Schauspieler am heutigen Teatr Współczesny. In Breslau kam er bereits 1945 an. Mitbegründer des Werkschutzes. Zu seinen vielfältigen Interessen gehörte auch das Fotografieren der zerstörten Stadt.

Bronisław Kupiec (geb. 1909 in Krakau, gest. 1970 in Breslau), der seit 1946 mit Breslau verbunden war, war am Lehrstuhl für Fototechnik der Technischen Universität Breslau beschäftigt; ab 1950 Mitglied des Verbandes Polnischer Kunstfotografen; 1955 gründete er an der Staatlichen Hochschule für Bildende Künste in Breslau das erste polnische Studium für Kunstfotografie.

Er beteiligte sich an der vom West-Institut Posen organisierten Pionierreise nach Niederschlesien und machte bei dieser Gelegenheit über 500 Fotografien von Baudenkmälern Breslaus und Niederschlesiens.

Włodzimierz Kałdowski (geb. 1932 in Bydgoszcz/Bromberg) dokumentierte mit seinem Fotoapparat und seiner Filmkamera das zerstörte Breslau. 1953 absolvierte er das Studium für Fototechnik an der Technischen Universität Breslau; seine Diplomarbeit war der Farbfotografie gewidmet; 1957 richtete er ein Filmlabor am Institut für Geografie der Universität Breslau ein; 1964–1972 unterrichtete er Filmtechnik und Fotografie an der Breslauer Sportakademie; ab 1973 Leiter der Dokumentationsstätte für wissenschaftliche Fotografie der Medizinischen Akademie Breslau.

Adam Czelny (geb. 1909 in Biecz, Kleinpolen, gest. 1992 in Rabka) ließ sich 1947 in Breslau nieder. Bis in die 1960er Jahre als Fotoreporter der Breslauer Tageszeitungen tätig, u.a. bei Wrocławski Kurier Ilustrowany, Gazeta Robotnicza und Słowo Polskie.

Jan Bułhak (geb. 1876 in Ostaszyn bei Nowogródek, gest. 1950 in Giżycko/Lötzen), Wegbereiter der polnischen Kunstfotografie, insbesondere der Landschaftsfotografie. Bis 1944 in Wilna tätig. Ab 1945 lebte er in Warschau; Mitbegründer und erster Vorsitzender des Verbandes Polnischer Kunstfotografen (1947–1950). Nach dem Zweiten Weltkrieg dokumentierte er mit seinem Sohn Kriegszerstörungen in vielen polnischen Städten, u.a. auch in Breslau.

Stefan Arczyński (geb. 1916 in Essen) lernte seinen Beruf ab 1934; anschließend arbeitete er in einem Fotoatelier in Essen. Seine ersten Fotoaufnahmen machte er 1936 während der Olympischen Spiele in Berlin. 1950 ließ er sich in Breslau nieder. Ab 1951 Mitglied des Verbandes Polnischer Kunstfotografen; in der Breslauer Fotografischen Gesellschaft unterrichtete er Fotografie. Autor von Tausenden Fotografien aus der ganzen Welt, darunter auch einer umfangreichen Fotodokumentation des Wiederaufbaus von Breslau und Niederschlesien.

Tomasz Olszewski (geb. 1929 in Warschau). 1954 ließ er sich mit seiner Familie in Szklarska Poręba (Oberschreiberhau) nieder. Er studierte Wirtschaftswissenschaft und Geografie an der Universität Breslau. Ab 1959 war er Mitglied des Verbandes Polnischer Kunstfotografen; von 1959 bis 1969 in Breslau tätig. Als Mitarbeiter des Referats für Bauwesen, Städtebau und Architektur des Präsidiums des Nationalrates der Stadt Breslau dokumentierte er sorgfältig über ein Jahrzehnt den Wiederaufbau Breslaus und die Errichtung von neuen Wohnsiedlungen.

Im Jahre 1989, anlässlich der „Breslauer Tage", die damals im Mai stattfanden, wurde im Historischen Museum im Breslauer Rathaus eine Ausstellung veranstaltet, auf der die Fotografien der Kriegszerstörungen in Breslau präsentiert wurden. Die Ausstellung wurde „Tragödie einer Stadt" betitelt, und die Fotografien der zerstörten Straßen, Plätze und Gebäude wurden mit entsprechenden Ansichten aus der Zeit vor 1945 zusammengestellt, um Breslauern und Touristen vor Augen zu führen, was für eine Stadt in Schutt und Asche gelegt worden war. Die Ausstellung stieß auf großes Interesse, wurde stark besucht und sogar einige Male wiederholt. Dieses Thema wurde im Jahre 1995 wieder aufgegriffen. Anlässlich des 50. Jahrestages der Beendigung des Zweiten Weltkrieges wurde damals im Breslauer Rathaus eine Ausstellung veranstaltet, die die Kriegszerstörungen von 1945 dokumentierte und die Tragödie der Stadt zeigte – einer Stadt, die hätte überdauern können, wenn sie durch Befehle der NS-Führung nicht zur Vernichtung verurteilt worden wäre. Elżbieta und Stanisław Klimek, Inhaber des Verlags „Via Nova" haben damals vorgeschlagen, einen Bildband mit der Ikonographie der ersten Nachkriegsjahre in Breslau herauszugeben. Trotz einiger Neuauflagen ist der Bildband „Zerstörung einer Stadt. Breslau 1945", der in Polnisch und Deutsch herausgegeben wurde, schon lange vergriffen.

Heute, zum 70. Jahrestag des Kriegsendes präsentieren wir Ihnen einen Bildband, der an die oben erwähnte Veröffentlichung anknüpft. Er stellt zugleich eine Fortsetzung der Freilichtausstellung in Buchform dar, die im Mai dieses Jahres gemeinsam vom Museum der Stadt Breslau, dem Büro für Öffentlichkeitsarbeit der Stadtverwaltung Breslau und dem Verlag Via Nova in der Schweidnitzer Straße veranstaltet wurde. Im Vergleich zu der früheren Publikation wurde der Umfang des vorliegenden Bildbandes erweitert. Den Archivfotografien wurden gegenwärtige Fotoaufnahmen der Breslauer Straßen und Plätze gegenübergestellt, die von **Stanisław Klimek** stammen. Stanisław Klimek studierte Mathematik, wandte sich jedoch der Architekturfotografie zu. Seit 1984 er dokumentiert er Breslau fotografisch. Er fotografierte auch die Architektur von Nepal, Indien und Bhutan, und ist Autor von mehreren Bildbänden und Ausstellungen. Seine Fotografien wurden in mehreren polnischen und ausländischen Publikationen veröffentlicht.

Die hier präsentierten fotografischen Vergleiche zeigen, wie sehr sich Breslau im Laufe der Zeit verändert hat, wie die Stadt wiederaufgebaut, erweitert und wie schön sie wieder wurde. Die Fotografien führen uns gleichzeitig vor Augen, dass die Kriegsspuren, seien es zerschossene Hausfassaden, nicht mehr benutzte Straßenbahnschienen, oder Lücken in der Bebauung, immer noch, obwohl viel Zeit vergangen ist, in der Stadtlandschaft sichtbar sind.

Wrocław 1945

In diesem Jahr (2015) begehen wir den 70. Jahrestag der Beendigung des Zweiten Weltkrieges. Der am l. September 1939 von Hitlerdeutschland mit dem Überfall auf Polen begonnene Krieg endete in Europa am 8. Mai 1945 mit der bedingungslosen Kapitulation des Dritten Reiches. Der Krieg in Asien endete mit der Kapitulation Japans, die am 2. September 1945 unterzeichnet wurde.

An dem sechs Jahre lang dauernden Krieg, der sich auf drei Kontinenten – in Europa, Asien und Nordafrika – sowie auf fast allen Meeren und Ozeanen abspielte, beteiligten sich 6l Länder. 110 Mill. Soldaten wurden mobilisiert. 55 Mill. Menschen sind während dieses Krieges ums Leben gekommen. Berücksichtigt man jedoch die Tatsache, dass die Sowjets ihre Verluste um 8 Mill. Menschen zu niedrig einschätzen, so erhöht sich diese Zahl auf 63 Millionen. Laut statistischen Angaben wurden 35 Mill. Menschen verwundet. Direkte Ausgaben für Kriegshandlungen beliefen sich auf rund 1 154 Milliarden US Dollar, was 70% des Nationaleinkommens aller in den Krieg verwickelten Länder ausmachte. Allein in Europa schätzt man die durch Krieg verursachten Verluste auf 260 Milliarden US Dollar.

Die Schlacht um die Festung Breslau im Jahre 1945 dauerte 80 Tage – vom 16. Februar bis zum 6. Mai. Breslau kapitulierte erst 4 Tage nach Berlin, und war hiermit die am längsten verteidigte Festung des Dritten Reiches. Zu Beginn der Operation war die Verteidigung Breslaus vom militärischen Gesichtspunkt aus gerechtfertigt, weil man auf diese Weise den Angriff der Roten Armee auf Berlin, die Hauptstadt des Dritten Reiches, verzögern konnte. Als jedoch die Armeen Feldmarschall Schörners in das Sudetenvorland zurückgedrängt wurden, und als die für die Existenz des Hitlerregimes entscheidende Offensive der Roten Armee auf Berlin Mitte April begann, wurde die Verteidigung sinnlos.

Die Festungskommandanten, Generalmajor Hans von Ahlfen und später Generalleutnant Hermann Niehoff sowie Gauleiter Karl Hanke, der sich die ganze Zeit in der belagerten Stadt befand, waren jedoch fest entschlossen, Breslau bis zum letzten Mann und bis zum letzten Haus zu verteidigen. Auf diese Leute fällt hauptsächlich die Verantwortung für die Vernichtung der Stadt, für unbeschreibliche Leiden und den Tod von Tausenden Menschen. Durch den Befehl der NS-Führung, Breslau in eine Festung zu verwandeln, erlebte die Zivilbevölkerung ein Inferno der Belagerung, und die Stadt mit ihren unzähligen wertvollen Baudenkmälern wurde dem sowjetischen Artilleriebeschuss und massiven Luftangriffen ausgesetzt. Das Ausmaß der Verwüstungen steigerte sich noch durch die Entscheidungen der Festungskommandanten. Auf ihre Befehle hin wurden ganze Stadtteile von den deutschen Soldaten niedergebrannt und gesprengt.

In den Augen der deutschen Geistlichen Paul Peikert und Alfons Buchholz war die Verteidigung sinnlos. Sie brachte der Stadt nur die Vernichtung und den Tausenden von Menschen den Tod. Beide hielten die sich so lange hinziehende Verteidigung der Festung für ein Verbrechen.

Paul Peikert, ein deutscher Pfarrer von der St. Mauritiusgemeinde an der Klosterstraße (ul. Traugutta), führte ab dem 22. Januar 1945 ein Tagebuch der belagerten Stadt. Von einem Deutschen und Augenzeugen der Tragödie der belagerten Festung geschrieben, ist es ein wahres und erschütterndes Zeugnis jener Zeit.

Vor der Schlacht

Während der ersten Kriegsjahre war Breslau von allen Fronten weit entfernt und die Stadt litt nicht unter direkten Folgen des Krieges. Abgesehen von einem Luftangriff im November 1941, dem 10 Menschen zum Opfer gefallen sind, verlief das Leben in der Stadt ruhig. Nach Breslau, in den "Luftschutzkeller Deutschlands" wurde die Bevölkerung aus den bombengefährdeten Gebieten des Reiches evakuiert. Nach Breslau und Niederschlesien wurden öffentliche Stellen, Kulturgüter und die wichtigsten

Oderufer in der Nähe der damaligen Lessingbrücke (heute Most Pokoju – Friedensbrücke). Fot. Hans Vauk, um 1940

Rüstungsfabriken Deutschlands verlagert. Die Einwohnerzahl Breslaus stieg im Laufe des Krieges von 621 000 im Jahre 1939 auf über 1 Million in den letzten Kriegsmonaten.

Erst im Herbst 1944 ließ sich in der Stadt eine gewisse Unruhe spüren. "Es schien zwar alles seinen normalen Gang zu gehen, aber in das uns sehr gut bekannte Straßenbild, in unser häusliches Leben begann sich etwas Fremdes einzuschleichen. Wir sahen z.B. wie ganze Rinderherden durch die Straßen zum Schlachthof getrieben wurden, ein völlig außergewöhnliches Bild in dieser Stadt; man sah Lkw-Kolonnen, die geheimnisvolle, mit Planen verdeckte Ladungen transportierten; andere Lastautos beförderten Säcke und Kisten mit Lebensmitteln, die dann in kleinen Kellerlagern, in der Nähe des Wachtplatzes (heute plac Solidarności) untergebracht wurden. Nachts wurden aus Amtsgebäuden und Banken Akten hinausgefahren; die meisten Läden wurden geräumt. Aus Museen, Privathäusern und Kirchen wurden Kunstgegenstände und Kostbarkeiten hinausgebracht. Beseitigt wurden die Denkmäler: das Bismarckdenkmal am Königsplatz (plac Jana Pawła II), das Blücherdenkmal am Salzring und die Denkmäler für Friedrich II. und Friedrich III. auf dem Ring (gemeint ist hier das Denkmal für Friedrich Wilhelm III. auf der Westseite des Rathauses, das jedoch von den Deutschen nicht beseitigt wurde; es ist auf den Bildern von Henryk Makarewicz vom Mai 1945 zu sehen [M.S.]). Die Denkmäler wurden dann außerhalb der Stadt vergraben" – so schilderte die Atmosphäre jener Tage in der Stadt Stefan Kuczyński, ein polnischer Arzt, der in Breslau seit dem Ersten Weltkrieg lebte ("Trudne dni", Wrocław 1960, Bd. I, S. 43).

Nachdem die Truppen der Rote Armee Weißrussland, die Westukraine, einen Teil des Baltikums und die Ostgebiete Polens befreit hatten, bezogen sie im Sommer 1944 die Stellung an der mittleren Weichsel. Die Vorbereitungen zu der Operation Weichsel-Oder setzten ein.

Am 25. August 1944 wurde Breslau auf Befehl des Chefs des Generalstabes des Heeres, Generaloberst Guderian, zur Festung erklärt. Zum ersten Festungskommandanten wurde Generalmajor Johannes Krause ernannt, der Vorbereitungen zur Verteidigung der Stadt einleitete. Die Zivilbevölkerung wurde zum Bau von Befestigungsanlagen und zu Schanzarbeiten in und rund um die Stadt angetrieben. Es mussten neue Bunker und Luftschutzräume errichtet sowie Vorräte an Lebensmitteln angelegt werden.

Den ersten sowjetischen Luftangriff erlebte die Stadt am 7. Oktober 1944. Die Bomben fielen damals hauptsächlich auf die östlichen Stadtteile. Die Fliegerangriffe wurden dann immer häufiger und nahmen besonders Anfang 1945 an Stärke zu. Sie waren Anzeichen der nahenden Winteroffensive der Roten Armee, die endgültig am 12. Januar begann.

Nach einer Woche überrollten die sowjetischen Panzer die Grenze Niederschlesiens. Infolge der durch deutsche Behörden angeordneten Evakuierung der Zivilbevölkerung aus den Ostgebieten des Reiches zogen Tausende von Flüchtlingen durch Breslau. Pfarrer Peikert berichtete in seinem Tagebuch: "Dazu trifft diese Massenflucht in strenge Wintertage, 13–15 Grad Kälte und noch mehr ist die Temperatur dieser Tage. Kinder erfrieren und werden von ihren Angehörigen an den Straßenrand gelegt. Es wird berichtet, dass ganze Lastautos solcher erfrorener Kinder in den hiesigen Leichenhallen eingeliefert werden."

Von der Zwangsevakuierung wurden auch die Breslauer betroffen. Im Einvernehmen mit der Festungskommandantur erließ Gauleiter Hanke am 19. Januar einen Räumungsbefehl für die Zivilbevölkerung. Da jedoch zu wenig Züge bereitgestellt werden konnten, spielten sich auf den Bahnhöfen tragische Szenen ab. Ohne Rücksicht auf die scharfe Kälte wurde am folgenden Tag ein weiterer Befehl erlassen, die Stadt sofort zu Fuß zu verlassen. „Unbeschreiblich groß war das Elend derer, die auf den Straßen flüchten mussten. Unabsehbare unübersehbare Kolonnen von Frauen und Kindern mit Kinderwagen oder kleinen Handwagen marschierten auf der Straße. Die Straßen sind infolge des harten Winters mit Schnee und Eis bedeckt. Die kleinen Wagen, die für die ebenen Straßen der Großstadt sich eignen, gehen aus den Fugen, wenn sie auf die verschneiten und eisbedeckten Straßen außerhalb der Stadt kommen. Die armselige Habe muss dann mit der Hand weitergeschleppt werden, sodass die Kolonnen nur langsam vorankommen. Viele Kinder und Erwachsene sind in der strengen Winterkälte erfroren und blieben im Straßengraben liegen. Suchkommandos für solche Toten konnten auf ihren Lastwagen die Zahl der Toten nicht bergen, so viele fanden sie. Gestern wurde mir berichtet, dass von einem derartigen Suchkommando auf verhältnismäßig kurzer Strecke über 400 Tote geborgen wurden, Kinder und Erwachsene." (Peikert, 22. Januar 1945).

Während der Zwangsevakuierung sind 90 000 Menschen ums Leben gekommen. Man hätte diese Tragödie vermeiden können, wenn Gauleiter Hanke den Vorschlag des Festungskommandanten Gen. Krause vom Dezember 1944, 200 000 Einwohner, vor allem Frauen, Kinder und Ältere, zu evakuieren, nicht abgelehnt hätte. Bis zu den ersten Februartagen wurden aus der Stadt ca. 700 000 Menschen vertrieben. In der Stadt blieben ca. 180 000 bis 200 000 Menschen zurück.

Gleichzeitig wurde die Evakuierung für staatliche Einrichtungen und Ämter angeordnet. Am 22. Januar wurde die Breslauer Universität nach Dresden verlegt. Verlassen wurden die Universitätskliniken, die Technische Hochschule, das Botanische Institut, Museen und Gerichte. Auch die Geistlichen hatten die Stadt zu verlassen, doch viele von ihnen entschlossen sich, in der belagerten Stadt zurückzubleiben.

Die Belagerung

Nach 15-tägiger Offensive der Roten Armee, die von dem Brückenkopf bei Sandomierz ausgegangen war, stießen die sowjetischen Truppen am 27. Januar bis Sacrau (Zakrzów) und Hundsfeld (Psie Pole) bei Breslau vor. Innerhalb von relativ kurzer Zeit gelang es ihnen, eine Strecke von mehreren hundert Kilometern zurückzulegen, indem sie alle deutschen Verteidigungslinien durchbrachen, viele in Festungen verwandelte Städte eroberten und zahlreiche deutsche Regimenter und Divisionen schlugen.

Nach zwei weiteren Wochen erbitterter Kämpfe in Niederschlesien wurde der Ring um Breslau geschlossen. Die deutsche Führung hatte noch genug Zeit, die Breslauer Garnison zurückzuziehen. Generaloberst Ferdinand Schörner (ab 5. April Feldmarschall), dem die Heeresgruppen in Süd--Schlesien und in der Tschechei unterstanden, erließ jedoch den Befehl (gemäß der Richtlinie aus Berlin), die Stadt um jeden Preis zu verteidigen.

Die Belagerung begann am 16. Februar. Am 15. Februar erließ der Festungskommandant Gen. von Ahlfen den Befehl zur Verteidigung der Stadt bis zum letzten Mann. Von den sowjetischen Divisionen und Armeen, die sich an den Kämpfen zur Einkesselung der Stadt beteiligt hatten, blieb bei Breslau nur die 6. Armee unter General Wladimir Glusdowskij. Die übrigen Truppen wurden an andere Fronten abkommandiert. So hatte sich die Erwartung der deutschen Führung, die Festung Breslau könne einen überwiegenden Teil der Kräfte der Roten Armee zum Stehen bringen und auf diese Weise die Berliner Richtung entlasten, nicht bewahrheitet. Die sowjetische 6. Armee zählte damals 50 000 Mann (im April erhöhte sich diese Zahl um 15 000 Mann); die deutsche Garnison hatte dagegen ca. 65 000 Mann.

Die deutsche Führung schätzte die Situation falsch ein, indem sie den Hauptangriff des Feindes aus östlicher und nordöstlicher Richtung erwartete. Es sollte sich zeigen, dass diese Frontabschnitte während der Belagerung, die beinahe 3 Monate lang andauerte, am ruhigsten waren. Der Hauptangriff kam von Süden. Am 19. Februar war Brockau (Brochów) gefallen, und der Schwerpunkt der Kämpfe verlagerte sich nach Krietern (Krzyki). Die sowjetischen Truppen griffen aus Klettendorf an, das am 15. Februar besetzt worden war. Nachdem die Russen den hohen Damm der Umgehungsbahn überwunden hatten, tobten erbitterte Kämpfe auf dem Gebiet des heutigen Südparks und des Straßenbahndepots in der Straße der SA (ul. Powstańców Śląskich), in der Steinstraße (ul. Kamienna) und auf dem

Gebiet des Straßenbahndepots in der Lohestraße (ul. Ślężna). Nicht weniger verbissen kämpfte man um die Gebäude der Versicherungsanstalt am Franz-Seldte-Platz (pl. Hirschfelda), in der Goethestraße (ul. Wielka) und in der Victoriastraße (ul. Lwowska).

Mitte März ließ die Intensität der Kämpfe nach, und die Frontlinie stabilisierte sich. Sie verlief entlang der Dorfstraße (ul. Opatowicka) bis hin zur Ofenerstr. (ul. Krakowska) und weiter entlang der Schönstr. (ul. Piękna), Cretiusstr. (ul. Ceglana) und Steinstr. (ul. Kamienna), weiter in einem Bogen durch die Goethestr. (ul. Wielka), Augustastr. (ul. Szczęśliwa), Victoriastr. (ul. Lwowska), Gabitzstr. (ul. Gajowicka), Opitzstr. (ul. Żelazna) bis zur Rehdigerstr. (pl. Pereca); von dort aus bis zur Eisenbahnlinie und weiter, ihr folgend, bis zur Lohe und den Fluss entlang bis zur Mündung in die Oder. Die Stadtteile Mochbern (Muchobór), Mariahöfchen (Nowy Dwór) und Schmiedefeld (Kuźniki) wurden von den Deutschen in starke Stützpunkte verwandelt. Der nördliche Frontabschnitt verlief von Ransern (Rędziny) bis zur Siedlung Weide und von dort aus, entlang dem Fluss Weide, bis nach Schwoitsch (Swojczyce) und zur Oder hin.

Nach einem Monat erbitterter Kämpfe erkannte die sowjetische Führung, dass sie nicht imstande war, mit den verfügbaren Kräften die Stadt zu erobern. Sie beschloss deshalb, die eingekesselte Garnison weiter abzuriegeln und die Festung mit Artilleriefeuer, Luftangriffen und durch handstreichartige Angriffe kleiner Stoßtrupps zu bedrängen. Man rechnete damit, dass infolge der neuen Offensive Berlin fallen würde und der Krieg damit beendet wäre. Dann sollte auch die Festung Breslau kapitulieren. Niemand vermutete, dass Breslau sich länger als Berlin und alle anderen Festungen des Dritten Reiches halten würde. Die sowjetische Führung forderte die Verteidiger mehrere Male zur Kapitulation auf, aber als Reaktion darauf wurde mit der Fortsetzung des Widerstandes und dem Ausbau der Verteidigungssysteme geantwortet. Die Deutschen verstärkten ihre Stellungen, bauten Barrikaden auf, sprengten Eckhäuser, um das Schussfeld für eigene Soldaten frei zu machen; dort, wo man mit russischen Angriffen rechnete, wurden ganze Häuserblocks niedergebrannt und gesprengt; Straßen, Durchgänge und Überreste der gesprengten Häuser wurden dann vermint und mit Stacheldrahtverhau umgeben. Es wurde dabei keine Rücksicht auf historische Bauten und Kirchen genommen; selbst Friedhöfe wurden nicht verschont: Man scheute nicht einmal davor nicht zurück, Steine von den Grabmälern und den Grüften zum Barrikadenbau zu verwenden. Das Hab und Gut der Einwohner wurde auf die Straßen geworfen und verbrannt. Für diese barbarischen Aufgaben wurden spezielle Kommandos, die sog. Brandkommandos, berufen.

Brennende Mietshäuser in der damaligen Kaiser-Wilhelm-Straße (heute Ulica Powstańców Śląskich) zwischen der Scharnhorst- und Kürfürstenstraße (Ulica Jastrzębia und Racławicka).
Fot. Kino-Fono-Foto Krasnogorsk, Februar – März 1945

Am 7. März löste Generalleutnant Hermann Niehoff den bisherigen Festungskommandanten Generalmajor von Ahlfen auf diesem Posten ab. Am selben Tag erschien auch in der "Schlesischen Zeitung – Frontzeitung der Festung Breslau" seine und Gauleiter Hankes Anordnung über die Arbeitspflicht für jeden Einwohner, einschließlich der Jungen vom 10. Lebensjahr und der Mädchen vom 12. Lebensjahr an. Für die Verweigerung der Arbeitspflicht drohte die Todesstrafe. Der neue Festungskommandant verlegte den Gefechtsstand von den Bunkern der Liebichshöhe in die Keller der Universitätsbibliothek auf der Sandinsel.

In der Stadt herrschte ein beispielloser Terror, der bereits im Januar mit der unmenschlichen Anordnung der Evakuierung von Hunderttausenden von Zivilpersonen begonnen hatte. Infolge dieser Maßnahme sind Zehntausende von Menschen, insbesondere Frauen, Kinder und ältere Leute aus Erschöpfung und vor Kälte gestorben. Am 10. Februar, also noch vor der

Zivilbevölkerung in der Festung Breslau. Fot. Kino-Fono-Foto Krasnogorsk, März 1945

In der Festung Breslau. Unbekannter Fotograf, März 1945

Die Rote Armee auf den Straßen Breslaus. Fot. Kino-Fono-Foto Krasnogorsk, März 1945

Einkesselung der Festung, wurden die Einwohner von Zimpel (Sępolno), Leerbeutel (Zalesie), Wilhelmsruh (Zacisze) und Bischofswalde (Biskupin) zwangsweise in die Stadtmitte und die südlichen Stadtteile evakuiert, weil man den russischen Angriff von Osten und Norden her erwartete. Später musste die ganze Südstadt bis zum Hauptbahnhof und die westlichen Stadtteile bis zum Odertor-Bahnhof evakuiert werden, wobei die Menschen zurück nach Zimpel und Bischofswalde umgesiedelt wurden.

Ununterbrochen arbeiteten die Gerichte: Standgericht, Sondergericht und Vollstreckungsgericht der Gestapo, die Menschen zur Todesstrafe verurteilten, um Verbreitung von Defätismus und Schwächung des Kampfesmutes zu verhindern. Am 28. Januar fand die erste öffentliche Hinrichtung statt. Auf Gauleiter Hankes Befehl wurde damals der zweite Bürgermeister Dr. Wolfgang Spielhagen am Denkmal Friedrich Wilhelms III. auf dem Ring erschossen, weil er vorhatte, die Stadt zu verlassen, wie die Bekanntmachung verkündete. In Wahrheit widersetzte sich Dr. Spielhagen der Idee, Breslau in eine Festung zu verwandeln, und wollte es zur offenen Stadt erklären. Dr. Spielhagen konnte wegen seiner Herzkrankheit nicht zum Volkssturm einberufen werden und hatte beschlossen, sich zu seiner Familie nach Bayern zu begeben. Zum Militärdienst wurden alle Männer vom 16. bis zum 60. Lebensjahr, später auch Frauen (Befehl Gauleiter Hankes vom 20. April) einberufen. Todesurteile für Defätismus, Befolgung der bolschewistischen Propaganda oder Missachtung der Anordnungen über die Arbeitspflicht waren an der Tagesordnung. Auch NS-Funktionäre und Staatsbeamten wurden vor Gericht gestellt. Exekutionskommandos hatten bis zum letzten Tag der Belagerung alle Hände voll zu tun. Noch am Kapitulationstag, am 6. Mai, wurden Häftlinge im Gefängnis in der Kletschkaustraße (ul. Kleczkowska) erschossen.

Das Schicksal der Zivilbevölkerung war tragisch. Während die einen in Rüstungswerken arbeiteten, bauten die anderen Barrikaden und Luftschutzkeller. Viele Tausende Menschen mussten die Rollbahn zwischen der Kaiserbrücke (most Grunwaldzki) und der Fürstenbrücke (most Szczytnicki) bauen. Sowjetischer Artilleriebeschuss und Luftangriffe entbanden diese Leute nicht von der Arbeitspflicht. Obwohl es in der Stadt an Nahrungsmitteln nicht mangelte und die angelegten Vorräte damals für viele Monate ausreichten, wurden Lebensmittelkarten nur an die Arbeitenden verteilt. In einer unvergleichbar schwierigeren Lage waren die nach Breslau verschleppten Kriegsgefangenen, Häftlinge und Zwangsarbeiter, unter denen die Polen eine bedeutende Mehrheit darstellten.

Ende März rückte die 2. Polnische Armee unter Gen. Karol Świerczewski in die Gegend von Breslau vor. Sie sollte sich an der zweiten Etappe der Kämpfe um die Festung Breslau beteiligen, bekam aber nach einigen Tagen den Befehl, im Zusammenhang mit der geplanten Offensive, an die Neiße vorzurücken.

Am 1. April, nach der Umgruppierung ihrer Truppen versuchte die Rote Armee einen neuen Angriff, diesmal von Westen. Dem Angriff gingen ein massiver Artilleriebeschuss und heftige Luftangriffe voraus, wovor die Zivilbevölkerung durch Lautsprecher gewarnt wurde. Hunderte von Flugzeugen warfen mehrere Tausend Bomben auf das Stadtgebiet ab. Ein besonderes Ziel dieser Bombenangriffe waren die in der Innenstadt postierten Artilleriestellungen: u.a. am Neumarkt (Nowy Targ), auf der Dominsel (Ostrów Tumski), in der Nähe des Domes, am Schlossplatz (pl. Wolności), auf der Holteihöhe (Wzgórze Polskie) und beim Krankenhaus der Barmherzigen Brüder. Der durch die abgeworfenen Phosphorbomben verursachte Feuersturm ergriff fast die ganze Stadt. Der Kaplan des St. Georgskrankenhauses (heute Ludwik-Rydygier-Krankenhaus), Priester Alfons Buchholz, notierte in seinem

Kämpfe um die Festung Breslau in der Nähe der Kreuzung Kaiser-Wilhelm-Straße und Scharnhorststraße (heute Ulica Powstańców Śląskich und Jastrzębia). Fot. Kino-Fono-Foto Krasnogorsk, Februar – März 1945

Sowjetische Infanterie während der Straßenkämpfe. Unbekannter Fotograf, März – April 1945

Tagebuch: „Die Stadt brannte an verschiedenen Enden. Rauch, Ruß, Funken und Brandglocken erfüllten die Luft. Der an sich herrschende Sturm der zwei Feiertage wurde durch die Brände noch wesentlich stärker und steigerte die verschiedenen Feuerherde zu wahren Flächenbränden. Ganze Straßenzüge fielen dem entfesselten Element zum Opfer und bald hörte man die Schreckenskunde von dem Verlust mehrerer Kirchen, ja gerade der herrlichsten Gotteshäuser (...)."

Auf beiden Frontseiten fielen Tausende von Menschen. Der heftige Vorstoß der Rotarmisten im Westen der Stadt verdrängte die deutschen Truppen bis nach Schmiedefeld (Kuźniki), Mariahöfchen (Nowy Dwór), Pilsnitz (Pilczyce) und Kosel (Kozanów). Den Soldaten der 6. Armee ist es nach erbittertem Kampf gelungen, den Flughafen in Klein Gandau (Gądów Mały) einzunehmen. Nach vielen Tagen verbissener Kämpfe erreichten die sowjetischen Divisionen Pöpelwitz (Popowice), den Striegauerplatz (pl. Strzegomski) mit dem mehrgeschossigen Bunker, der sich bis heute erhalten hat. Schritt für Schritt, durch die ausgebrannten Stadtviertel rückten die Angreifer in Richtung des Königsplatzes (pl. I Maja) vor. Von der Stadtmitte trennten sie nur noch einige hundert Meter.

Gegen Ende April verloren die Kämpfe an Intensität, weil die Russen schon auf das Kriegsende warteten. Sie appellierten an die Deutschen, die Stadt zu übergeben, aber die Festung setzte den Kampf fort. Der Fanatismus des Festungskommandanten und der NS-Führer, insbesondere Gauleiter Hankes, kam am deutlichsten an der Monatswende April/ Mai zum Vorschein, als Hitler Selbstmord beging (30. April) und der Kampf um Berlin sich dem Ende neigte. Die Stadtbewohner ersehnten schon die Kapitulation. Sie wollten einfach überleben und wenigstens einen Teil der Stadt und ihrer eigenen Habseligkeiten retten. Die Geistlichkeit forderte die Festungskommandantur auf, die Waffen zu strecken. Für eine derartige Lösung sprachen sich ebenfalls viele deutsche Soldaten, darunter auch Offiziere, aus. Als die Nachricht über Hitlers Tod die Stadt erreicht hatte, erließ General Niehoff jedoch einen kurzen Befehl an das Militär und die Einwohner: *Verteidiger der Festung Breslau! Im Schicksalskampf des deutschen Volkes hat der Führer den Heldentod gefunden. Der Führer hat durch Befehl vom 30. April Großadmiral Dönitz als seinen Nachfolger eingesetzt. Getreu unserem Soldateneid stehen wir unter seinem Befehl. In Breslau bleibe ich an Eurer Spitze. Vertraut mir auch in schwerster Stunde! Ihr dürft gewiß sein, daß ich Euch so führe, wie es zu Eurem Besten ist.*

Erst am 5. Mai, als man nicht mehr darauf hoffen konnte, dass das Blatt sich wenden würde, rief Gen. Niehoff die höheren Befehlshaber zu einer Beratung zusammen. Er wagte jedoch nicht, die Festung zu übergeben. Gegen die Kapitulation waren auch einige SS-Offiziere. Auch Gauleiter Hanke, der am 29. April von Hitler in seinem Testament zum SS-Reichsführer und Chef der Polizei ernannt worden war, wollte den Kampf nicht aufgeben. Er selbst aber flüchtete schon am frühen Morgen, den 6. Mai, mit dem Flugzeug – vermutlich der einzigen Maschine, die von der Rollbahn bei der Jahrhunderthalle gestartet ist, und verschwand spurlos.

Nach der Flucht Gauleiter Hankes aus der Festung befahl Gen. Niehoff das Feuer einzustellen und nahm Übergabeverhandlungen mit der Führung der sowjetischen 6. Armee auf. Am Abend dieses Tages unterschrieb er die Kapitulation in der Villa "Colonia" in der Kaiser-Friedrich-Straße. Am 7. Mai schwiegen die Waffen. Die Stille, die nach 80 Tagen der Belagerung eingetreten war, wirkte etwas fremd und beunruhigend. Und in dieser Stille, wie ein russischer Soldat schrieb, konnte man Nachtigallen singen hören.

Kraft der Verträge von Jalta (4.02.–11.02.1945) und Potsdam (2.08.1945) fiel Breslau mit Niederschlesien nach dem 2. Weltkrieg an Polen. Einige Tage nach der Kapitulation der Festung Breslau, am 9. u. 10. Mai, sind in Breslau erste Vertreter der polnischen Behörden eingetroffen. Ein neues Kapitel in der Geschichte der Stadt hat begonnen.

Kämpfe an der Kreuzung der damaligen Kaiser-Wilhelm-Straße und der Kürassierstraße (heute Ulica Powstańców Śląskich und Aleja Gen. Józefa Hallera). Unbekannter Fotograf, Februar – März 1945

Zerstörungen und Verluste

Das Resultat der fast drei Monate dauernden Verteidigung der Festung Breslau waren Zerstörungen und Verluste, deren Ausmaß sich mit keiner anderen tragischen Episode in der Geschichte der Stadt vergleichen lässt. Straßenkämpfe in den südlichen und westlichen Stadtteilen, sowjetischer Artilleriebeschuss und massive Luftangriffe richteten in der Stadt ungeheure Schäden an. Den ersten großen Artilleriebeschuss erlebte Breslau in der

Deutsche Soldaten in Kriegsgefangenschaft. Unbekannter Fotograf, Mai 1945

Rückzug der deutschen Garnison aus Breslau, Großer Ring (heute Rynek). Fot. Kino-Fono-Foto Krasnogorsk, Mai 1945

Kolonne deutscher Kriegsgefangener auf der ehemaligen Kaiser-Wilhelm-Straße in der Nähe der Trentinstraße (heute Ulica Powstańców Śląskich und Krzycka). Fot. Kino-Fono-Foto Krasnogorsk, Mai 1945

Nacht vom 3. zum 4. Februar. Die Granaten schlugen damals auf das Lobetheater (nicht erhalten), in die Gegend der Mauritiuskirche und des Klosters der Barmherzigen Brüder, auf die Garvestraße (ul. Kujawska), Brüderstraße (ul. Pułaskiego), Feldstraße (ul. Krasińskiego) und die Brockauerstraße (ul. Świstackiego) ein. Am 9. Februar warfen sowjetische Flieger Bomben u.a. auf den Ring, die Gartenstraße (ul. Piłsudskiego), die Straße der SA (ul. Powstańców Śląskich), den Hindenburgplatz (pl. Powstańców Śląskich) und auf die Albrechtstraße (ul. Wita Stwosza) neben dem Gebäude des Hauptpostamtes, das schwer beschädigt wurde (nicht erhalten), ab. Am 12. Februar nachts wurde das Breslauer Rathaus getroffen. Eine Bombe zerstörte damals das Gewölbe des Fürsten- und des Vogtsaals. Während des Bombardements am 13. Februar wurden die Klosterstraße (ul. Traugutta), die Paradiesstraße (ul. Worcella), die Vorwerksstraße (ul. Komuny Paryskiej), die Löschstraße (ul. Prądzyńskiego) u.a. stark mitgenommen. Pfarrer Peikert notierte an diesem Tag in seinem Tagebuch, dass mehr als die Hälfte aller Fensterscheiben in ganz Breslau zerstört wurden. Am folgenden Tag wurden südliche Stadtteile bombardiert.

Tote deutsche Soldaten in Breslauer Straßen. Fot. Henryk Makarewicz, Mai 1945

Das Ziel russischer Bombenangriffe, die sich während der Belagerung oft wiederholten, waren vor allem deutsche Rüstungsbetriebe und Stellungen der Flak, die sich auf den Plätzen der Stadt und in der Nähe historischer Gebäude befanden. Eine Flak-Batterie wurde sogar neben dem mit einem großen roten Kreuz gekennzeichneten Krankenhaus der Barmherzigen Brüder aufgestellt.

Das schwerste Bombardement erlebte Breslau jedoch an den Ostertagen, dem 1. und 2. April, als mehrere tausend Spreng- und Brandbomben auf die Stadt abgeworfen wurden. Ein riesiges Feuer erfasste beinahe das ganze Stadtgebiet. Die Häuser auf der Ost-, Süd- und Nordseite des Ringes sowie am Neumarkt brannten völlig nieder; in Flammen standen die Bebauung der Dominsel mit dem Dom Johannes d. Täufers und dem erzbischöflichen Palais, die Sandkirche und die Universitätsbibliothek, die Vinzenzkirche, und die Kirchen St. Mauritius, St. Adalbert, St. Nikolaus und St. Michael. Große Schäden trugen auch das Universitätsgebäude, die Aegidienkirche und die Kreuzkirche davon. Die Gebäude des Hauptpostamtes, des Schlesischen Museums der bildenden Künste u.v.a.m. brannten nieder.

Es ist noch einmal zu betonen, dass die ungeheure Verwüstung Breslaus nicht nur die Folge der Kriegshandlungen war. Die Bebauung von ganzen Stadtteilen, zahlreiche historische Bauten von unschätzbarem Wert und vor allem Tausende von Stadtbewohnern sind dem verbrecherischen Fanatismus der NS-Führer zum Opfer gefallen. Ganze Häuserzeilen und Stadtviertel wurden von den deutschen Soldaten systematisch in Brand gesteckt und gesprengt. Bibliothek- und Archivbestände, das kulturelle Erbe vieler Generationen, gingen in Flammen auf. Man verschonte nicht einmal Objekte, die unter Denkmalschutz standen.

Im März notierte Pfarrer Peikert in seinem Tagebuch: "Je eher die Russen kommen, desto eher kann dem Zerstörungswerk, das vor allem von unserer Führung ausgeht, ein Ende bereitet werden. Denn all die Brandstiftungen, alle die Verheerungen an Gebäuden und Wohnungseinrichtungen, die gehen von unserer Führung aus. Das ist das Bedrückende, und sie opfert wiederum eine ganze Stadt mit all ihrer Schönheit, ihrer Kunst und ihrer großen Tradition und ihrem Wohlstand, ohne dem ganzen Kriegsgeschehen irgend eine Wendung zu geben (...). Das Ausmaß der Verwüstungen in der Innenstadt und in den Straßen mit den großen Geschäftshäusern ist niederdrückend, dass man glaubt, Breslau werde wohl niemals mehr jene so schöne, so traditionsgesättigte, an historischen, kirchlichen und profanen Bauten so reiche Stadt, jener so wirtschaftlich kraftvoller Organismus werden, wie es diese Stadt bisher gewesen ist. Sie scheint vom Tode gezeichnet zu sein" (P. Peikert, 11. März).

Noch vor der Einkesselung der Stadt durch die sowjetischen Truppen erfolgte der Abbruch der Wohnhäuser in den Straßen Siedichfür und Weiße Ohle sowie am Dominikanerplatz durch sog. Brandkommandos (spezielle Abteilungen des Pionierregiments). Der Schutt dieser Häuser wurde dann zum Barrikadenbau verwendet. Pfarrer Peikert beschrieb die von den Brandkommandos durchgeführten Aktionen genau: "die Bewohner dieser Häuserblocks sind zum weitaus größten Teil zwangsweise evakuiert worden. Sie durften nur einige wenige Habseligkeiten mitnehmen. Der übrige Hausrat musste zurückbleiben. Die Häuser werden, ohne dass man vorher wertvollen Hausrat (Wäsche, Möbel, Familienandenken) irgendwie geborgen hätte, gesprengt. Der Hausrat wird unter den riesigen Schuttmassen mitvergraben. Große Berge von Trümmern, vermischt mit Möbel und Wäschestücken und Bildern türmen sich auf. Die Sprengungen sind außerordentlich umfangreich im inneren Stadtgebiet."

Die in der Innenstadt Breslaus eingeleiteten Abbruchaktionen wurden in den nächsten Wochen konsequent fortgesetzt. Der Donner russischer Bombenangriffe vermischte sich mit den Detonationen der von den deutschen Soldaten gesprengten Wohnhäuser. Diese verheerenden Aktionen verurteilte Priester Buchholz scharf: "Sehr verabscheut wurde die meist Frauen und Mädchen übertragene Arbeit der Zerstörung und Vernichtung von Wohnungsausstattungen, Kleidern, Wäsche u.a. Dingen, welche von Evakuierten in Häusern zurückgelassen worden waren, die jetzt gesprengt oder abgebrannt wurden. Diese Werte-Vernichtung wurde als sehr unsinnig empfunden und hat den zur Ausführung Befohlenen, vom Militär zwangsmäßig Angetriebenen den größten Widerwillen eingeflößt. Wenn diese Sachen den Russen nicht in die Hände fallen sollten oder Feuergefahr vergrößerten, hätte man sie doch ausräumen und stapeln sollen, um sie für das Volk zu verwahren. Ein irgendwie einleuchtender Grund konnte wirklich nicht angegeben werden. Und es bleibt nur übrig das in diesem Krieg geltende Vernichtungsprinzip: *Prinzip der ausgebrannten Erde*".

Diesem Zerstörungswerk sind ganze Häuserzeilen im südlichen Villenviertel, das ganze Stadtviertel südlich vom Hauptbahnhof und die Wohnhäuser im Stadtzentrum zum Opfer gefallen. Mitte März begann man auch die Häuser in östlichen Stadtteilen, besonders in der Nähe der Klosterstraße (ul.Traugutta) in Brand zu stecken. Auf diese Weise wurde auch der westliche Stadtteil bis zum Königsplatz (pl. I Maja) verwüstet.

"Breslau ist eine schöne Stadt mit herrlichen Zeugen seiner vergangenen christlichen Kultur, es hat Stätten baulicher Kunst, wie selten in einer Stadt anzutreffen sind. Die Dominsel, das Rathaus, die herrlichen alten Kirchen, soll das alles deswegen in Trümmer sinken, weil ein militaristischer Irrsinn jedes Haus, jede Kirche und jeden Keller zu einer Festung machen will?" (P. Peikert, 18. Februar).

Völlig zerstört wurde der Stadtteil um den heutigen Grunwaldzki-Platz herum. Da der Flughafen in Klein Gandau (Gądów Mały) Ende Februar durch russischen Artilleriebeschuss bedroht war, beschloss die Festungskommandantur, eine Startbahn zwischen der Kaiserbrücke (most Grunwaldzki) und der Fürstenbrücke (most Szczytnicki) zu bauen. "Die Kaiserstraße (die Straße besteht nicht mehr; heute stellt sie die Achse des Grunwaldzki--Platzes dar), die am schönsten angelegte Straße unserer Stadt, soll zu einer großen Rollbahn ausgebaut werden. Der herrliche Baumbestand dieser Straße wird heute umgelegt mit elektrischen Sägen. Die anliegenden Häuserreihen der Kaiserstraße sollen gesprengt werden. Um das Schicksal der Petrus-Canisius-Kirche wird gebangt. Kein Mensch erkennt irgend einen Sinn dieser taktischen Maßnahme" (P. Peikert, 6. März).

In diesem, sog. wissenschaftlichen Stadtviertel, der von über 10 000 Einwohnern, u.a. Hochschullehrern und Wissenschaftlern der Breslauer Universität und der Technischen Hochschule, Studenten, Ärzten und Künstlern bewohnt war, befanden sich das Gebäude des Staatsarchivs, Universitätskliniken, die evangelische Lutherkirche, die katholische Peter--Canisius-Kirche und das Kloster des Guten Hirten. Ab dem 7. März, an dem

Großer Ring (Rynek) nach der Kapitulation der Festung Breslau. Fot. Marian Idziński, Mai 1945

die Verordnung über die Arbeitspflicht in der Festung verkündet wurde, begann man die Häuser auf dem Gebiet der geplanten Startbahn in Brand zu stecken. Die Häuser in der Kaiserstr., Tiergartenstr. (ul. Skłodowskiej-Curie), Memellandstr. (ul. Piastowska), Fürstenstr. (ul. Grunwaldzka) und Auenstr. (ul. Bujwida) gingen in Flammen auf.

Aufgrund der Verordnung über die Arbeitspflicht vom 7. März wurde die Zivilbevölkerung hauptsächlich zu Erdarbeiten auf dem Gelände der zu schaffenden Startbahn von 1300 m Länge und 300 m Breite eingesetzt. Ihre Sklavenarbeit beim Bau dieser Startbahn mussten auch die Zwangsarbeiter verschiedener Nationalitäten leisten. Da diese Gegend sich unter ständigem Artillerie- und Bordwaffenbeschuss russischer Flieger befand, sind beim Abbruch dieses Stadtviertels binnen einiger Wochen mehrere tausend Menschen ums Leben gekommen (die genaue Zahl ist nicht bekannt). Während des Baus der Startbahn wurden u.a. das Gebäude des Staatsarchivs mit wertvollen Beständen an Akten und Manuskripten, darunter auch Akten zur Geschichte Schlesiens, sowie die Peter-Canisius-Kirche und die Lutherkirche mit ihrem hohen, die Stadt beherrschenden Turm abgebrochen.

Ehemaliger Neumarkt (heute Nowy Targ) nach dem Ende der Kriegshandlungen. Unbekannter Fotograf, 1945

Mietshausruinen in der ehemaligen Lohestraße (heute Ulica Ślężna). Fot. Włodzimierz Kałdowski, 1946

Abriss zerstörter Mietshäuser. Fot. Krystyna Gorazdowska, 1948

Am 18. Februar wurde der Turm auf der Liebichshöhe gesprengt, um die Liebichshöhe, in deren Kellern sich damals das Quartier der Festungskommandantur befand, vor dem feindlichen Artilleriefeuer zu schützen. Um einen eventuellen Start des Flugzeuges der Festungsführung vom Schlossplatz (pl. Wolności) zu ermöglichen, wurde das Museum für Kunstgewerbe und Altertümer an der Graupenstraße (ul. Krupnicza) abgerissen. Man scheute nicht davor zurück, das wertvolle Hatzfeldsche Palais in der Albrechtstraße (ul. Wita Stwosza), zusammen mit den umliegenden Wohnhäusern zu sprengen, da diese Bauten sich in der Feuerlinie der auf dem Neumarkt (Nowy Targ) aufgestellten deutschen Artillerie befanden.

Auch das Gebäude der Universitätsbibliothek auf dem Sande beabsichtigte man zu sprengen, um mit dem auf diese Weise gewonnen Schutt die Keller dieses Gebäudes, wohin man den Festungsstab verlegen wollte, zu verstärken. Das Gebäude wurde glücklicherweise nicht in Brand gesteckt, und die wertvollen Bücherbestände wurden in die Annakirche auf der anderen Straßenseite gebracht. Die durch die Bibliotheksleitung mit viel Mühe geretteten Bestände verbrannten jedoch in der Nacht zum 11. Mai, einige Tage nach der Unterzeichnung der Kapitulation. In Flammen gingen damals über 300 000 Bände, darunter viele wertvolle Manuskripte und Inkunabeln.

Beim Bau der Barrikaden scheute man nicht davor zurück, Grabsteine zu verwenden. Nach der Schändung des Kirchhofes St. Mauritius durch die deutschen Soldaten schrieb Pfarrer Peikert über den Festungskommandanten Gen. von Ahlfen in seinem Tagebuch: "(...) wenn es notwendig ist, wird er jede Kirche zu einer Festung ausbauen lassen und er werde Breslau bis zum letzten Mann, bis zur letzten Patrone verteidigen und dann auf der Dominsel den Kampf beschließen" (22. Februar). Die Bemerkungen Pfarrer Peikerts waren nicht übertrieben, weil man tatsächlich beabsichtigte, den Kampfgefechtsstand auf die Dominsel zu verlegen. Ende Februar wurde die Caroluskirche in der Steinstraße (ul. Kamienna) zu einer Festung ausgebaut. In den letzten Märztagen wurden von den deutschen Truppen die Kirche St. Joseph und die evangelische Königin-Luise-Gedächtniskirche in der Ofenerstraße (ul. Krakowska) abgerissen; dasselbe Schicksal ereilte die hinter dem Bunker in der Liegnitzer Straße (ul. Legnicka) befindliche St. Pauluskirche, die an den Ostertagen vom l. bis zum 2. April zerstört wurde. "Von den Breslauer katholischen Kirchen waren schon vor Ostern zerstört: die meisten Kirchen des Südens, so die Kirche zum Heiligen Geist in Dürrgoy (Tarnogaj), die Heinrichskirche (in der Lehmgrubenstraße, heute ul. Gliniana), Augustinuskirche in Kleinburg (Borek), Clemens Hofbauer in Gräbschen (Grabiszynek), desgleichen St. Elisabeth (in der Gräbschenerstr., heute ul. Grabiszyńska), St. Hedwig in Pöpelwitz (Popowice). Bei St. Joseph in der Ofenerstraße wurde die ganze Inneneinrichtung mit dem Hochaltar aus Sandstein und dem herrlichen Altarmosaik mutwillig und radikal zerstört. Bei all diesen Kirchen geschah die Zerstörung durch unsere eigene Wehrmacht" – zählte Pfarrer Peikert auf. Kriegshandlungen und die durch die deutsche Führung systematisch durchgeführten Verwüstungsaktion haben dazu geführt, dass diese schöne, an Architektur- und Kunstdenkmälern reiche Stadt zu einem Trümmerfeld wurde.

Am stärksten wurden die südlichen und westlichen Stadtteile (zu 90%) verwüstet; die Altstadt und die Innenstadt wurden zu 50% zerstört. Mit verhältnismäßig wenigen Schäden sind der nördliche und der östliche Stadtteil (entsprechend zu 30% und 10% zerstört) davongekommen. Viele Wohnhäuser und öffentliche Bauten, wertvolle Objekte der Sakral- und Profanbaukunst lagen in Schutt und Asche. Keines der wichtigsten Stadtmuseen hat sich erhalten: Schlesisches Museum der bildenden Künste (am Museumplatz), Schlesisches Museum für Kunstgewerbe und Altertümer an der Graupenstraße (ul. Krupnicza) und das Schlossmuseum am Schlossplatz (pl. Wolności) wurden ebenfalls in Schutt verwandelt. Von den 104 Gebäuden der Breslauer Hochschulen lagen 70 in Trümmern. Zerstört wurde die Ausstattung der Labors, Bibliotheken und Archive. Von den 26 freistehenden Denkmälern und Skulpturen haben sich lediglich 9 erhalten.

Eindrucksvoll ist auch die Bilanz der Verluste in der Bebauung der Stadt: Von insgesamt 30 000 Gebäuden, die im städtischen Register verzeichnet waren, wurden 21 600 mehr oder weniger zerstört. Von dem 658 Kilometer langen Breslauer Straßenbahnnetz wurden 300 Kilometer durch Bomben- und Granateneinschläge beschädigt und mit Schutt zugedeckt. Das Schuttvolumen in der ganzen Stadt schätzte man auf 18 Millionen m^3. Große Verluste erlitt die Kommunalwirtschaft: Das Kraftwerk wurde zu 60%, das Verteilungsnetz zu 70% und das Beleuchtungsnetz zu 100% zerstört; das Wasserleitungsnetz wurde an 3000 Stellen und das Kanalisationsnetz an 7000 Stellen beschädigt; die Schäden bei Wasserkraftwerken betrugen 25%, bei Straßenbahnschienen und -netz 80%, bei Gaswerken 60% und bei Straßengasbeleuchtung 100%. Sehr große Verluste erlitt die Industrie: 60% aller Industriebetriebe wurden völlig und 30% zur Hälfte zerstört.

Die grausamste Statistik betrifft jedoch die Menschen: Während der Zwangsevakuierung und der Belagerung sind 170 000 Stadtbewohner ums Leben gekommen; gefallen sind 6 000 deutsche Soldaten, 24 000 wurden verwundet und 40 000 sind in die sowjetische Gefangenschaft geraten. Auf den Breslauer Friedhöfen wurde ca. 700 sowjetische Offiziere und über 7 000 Soldaten bestattet.

Ehemalige Martinistraße (heute Ulica św. Marcina), Blick Richtung Nordwesten. Fot. Bronisław Kupiec, 1946

Ehemalige Gartenstraße (heute Ulica Józefa Piłsudskiego), Blick von der Schweidnitzer Straße westwärts (Ulica Świdnicka). Unbekannter Fotograf, 1945

Kalendarium

1944

25.08. Auf Befehl Generaloberst H. Guderians wurde Breslau zur Festung erklärt; es wurde mit dem Bau von Befestigungen begonnen.

25.09. Zum ersten Festungskommandanten wurde Generalmajor Johannes Krause ernannt.

7.10. Erster sowjetischer Fliegerangriff; die Bomben fielen hauptsächlich auf östliche Stadtgebiete.

1945

12.01. Die Januaroffensive der Roten Armee setzte ein.

17.01. Hastige Mobilisierung der Festungstruppen.

17.–18.01. Sowjetische Luftangriffe auf die Eisenbahnknotenpunkte (u.a. Brockau).

19.01. Gauleiter Niederschlesiens Karl Hanke (1903–1945?) erließ im Einvernehmen mit der Festungskommandantur einen Befehl über die Evakuierung der Zivilbevölkerung Breslaus mit Ausnahme der kampffähigen Männer; bis zum 8. Februar haben 700 000 Menschen die Stadt verlassen.

22.01. Gefechtsbereitschaft für Volkssturm wurde verkündet.

Die Breslauer Universität wurde nach Dresden verlegt; Evakuierung von Kliniken und öffentlichen Einrichtungen.

26.01. General Krause verordnete die Beschlagnahme von Gütern und Geräten für Militärzwecke.

28.01. Der 2. Bürgermeister, Dr. Wolfgang Spielhagen, der Breslau zur offenen Stadt erklären wollte, wurde vor dem Denkmal Friedrich Wilhelms III. auf dem Ring erschossen.

31.01. Der Bevollmächtigte General der Heeresgruppe "Mitte", Koch-Erpach, erließ einen Befehl zur Verteidigung der Festung; lt. diesem Befehl sollten alle Kinder und Frauen unter 40 Jahren aus der Stadt evakuiert werden. Der Befehl endete mit den Worten: "wir beweisen dem Führer, dass die Festung Breslau fanatisch kämpfen und ihre Pflicht erfüllen wird".

1.02. Auf Befehl des Wehrkreiskommandos sollten Lebensmittelkarten nur an diejenigen verteilt werden, die zur Verteidigung eingesetzt wurden.

3.02. Die Kommandantur über die Festung übernahm Oberst (ab 9. Februar Generalmajor) Hans von Ahlfen (1897–1966).

4.02. Breslau erlebte den ersten russischen Artilleriebeschuss. Die Stadt wurde von den Trebnitzer Anhöhen aus beschossen.

6.02. Mit seinem Befehl verbot der Festungskommandant der evakuierten Bevölkerung in die Stadt zurückzukehren.

10.02. Erste innere Umsiedlung der Einwohner von Leerbeutel (Zalesie), Wilhelmsruh (Zacisze), Bischofswalde (Biskupin) und Zimpel (Sępolno) in die südlichen Stadtteile.

15.02. Einkesselung der Festung Breslau durch die Truppen der 6. Armee unter Generalleutnant Wladimir Glusdowskij (1903–1967); sowjetisches Ultimatum an die Festungsführung, die Stadt binnen 24 Stunden zu übergeben. Befehl Generalmajors von Ahlfen über die Verteidigung der Festung bis zum letzten Mann.

16.02. Die 80 Tage dauernde Belagerung der Stadt begann mit einem russischen Angriff von Süden und Südosten.

Februar – März Kämpfe in den südlichen Stadtteilen.

Barrikade in einer Breslauer Straße. Unbekannter Fotograf, 1945

Die ersten Tage nach der Beendigung der Kämpfe um die Festung Breslau. Fot. Henryk Makarewicz, Mai 1945

27.02.	Ein russischer Vorstoß durchbrach die Verteidigungslinie am Hindenburgplatz (pl. Powstańców Śląskich). Evakuierung der Zivilbevölkerung aus den Straßen südlich des Hauptbahnhofs.
7.03.	Generalleutnant Hermann Niehoff (1897–1980) wird zum Festungskommandanten ernannt.
	Anordnung über die Arbeitspflicht für alle in der Festung Verbliebenen, auch für Kinder – Jungen ab 10 und Mädchen ab 12 Jahren.
13.03.	Erste Todesurteile für Nichtbefolgung der Arbeitspflicht wurden vollstreckt.
14.03.	Der Gefechtsstand der Festung wurde von der Liebichshöhe (Wzgórze Partyzantów) in die Keller der Universitätsbibliothek auf der Sandinsel verlegt.
	Der Ministerrat der Republik Polen ernannte Stanisław Piaskowski zum Bevollmächtigten der Regierung im Raum Niederschlesien.
16.03.	Das Gebiet der geplanten Startbahn wurde zum Sperrgebiet erklärt.
24.03.	Dr. Bolesław Drobner wurde zum Stadtpräsidenten ernannt.
2. Hälfte März	Russische Bombenangriffe auf Rüstungswerke und Artilleriestellungen nehmen an Stärke zu.
29.03.	Die Truppen der 2. Polnischen Armee rückten in die Gegend nördlich von Wrocław ein; polnische Soldaten kämpften jedoch nicht um Breslau, sondern wurden zum Übersetzen über die Neiße eingesetzt.
29.–30.03.	Bombenanschläge auf die NSDAP-Ortsgruppen an der Herzogstraße 2 (ul. Kilińskiego) und Matthiasstraße 70/72 (ul. Jedności Narodowej).
1.04.	Aus Schmiedefeld (Kuźniki) und Mariahöfchen (Nowy Dwór) setzte der Angriff der sowjetischen Truppen auf die westlichen Abschnitte der deutschen Verteidigungslinie ein; die Soldaten der 6. Armee nahmen den Flughafen in Klein Gandau ein und erreichten die Oder in der Nähe der Kaserne in Kosel.
1.–2.04.	Massive Luftangriffe auf die Stadt; am zweiten Ostertag erlebte die Stadt das schwerste Bombardement während der ganzen Belagerung.
20.04.	Die erste Verwaltungsgruppe des Bevollmächtigten der polnischen Regierung im Raum Niederschlesien ist in Trebnitz angekommen, und die Stadt wurde zum Sitz der polnischen Behörden. Auf Gauleiter Hankes Befehl wurden Frauen zum Frontdienst einberufen.
4.05.	Eine Abordnung der Breslauer Geistlichkeit forderte den Festungskommandanten zur Einstellung des Kampfes auf.
5.05.	Die sowjetische Führung stellte ein neues Ultimatum zur sofortigen und bedingungslosen Kapitulation.
6.05.	Am frühen Morgen flüchtete Gauleiter Hanke aus der Stadt (sein weiteres Schicksal ist unbekannt); in seinem Testament vom 29.04.1945 ernannte ihn Hitler zum SS-Reichsführer und Chef der Polizei.
	Am Abend unterschrieb General Niehoff die Kapitulation in der Villa "Colonia" an der Kaiser-Friedrich-Straße 14 (ul. Rapackiego).
7.05.	Deutsche Soldaten wurden entwaffnet und aus der Stadt herausgeführt.
9.05.	Nach Breslau kommen erste Vertreter der polnischen Behörden: die erste Gruppe der Stadtverwaltung mit dem Vizepräsidenten Kazimierz Kuligowski und die Logistikabteilung der wissenschaftlich-kulturellen Gruppe mit Dr. Antoni Knot. Der sowjetische Stadtkommandant, Oberst Ljapunow überträgt Kazimierz Kuligowski die Vollmacht zur Verwaltung der Stadt durch polnische Behörden.
10.05.	In der Stadt treffen Dr. Boleslaw Drobner (Stadtpräsident bis zum 9.06.1945) mit der Verwaltungsgruppe und Prof. Stanislaw Kulczyński mit seiner wissenschaftlich – kulturellen Gruppe ein; zum Sitz der Stadtverwaltung wurden die Häuser an der Blücherstraße 23, 25, 27 (ul. Poniatowskiego) sowie an der Matthiasstraße 101 (ul. Jedności Narodowej) gewählt.

Breslau aus der Vogelperspektive 1947 [ZMA]

Breslau aus der Vogelperspektive, Blick Richtung Nordosten, 2009

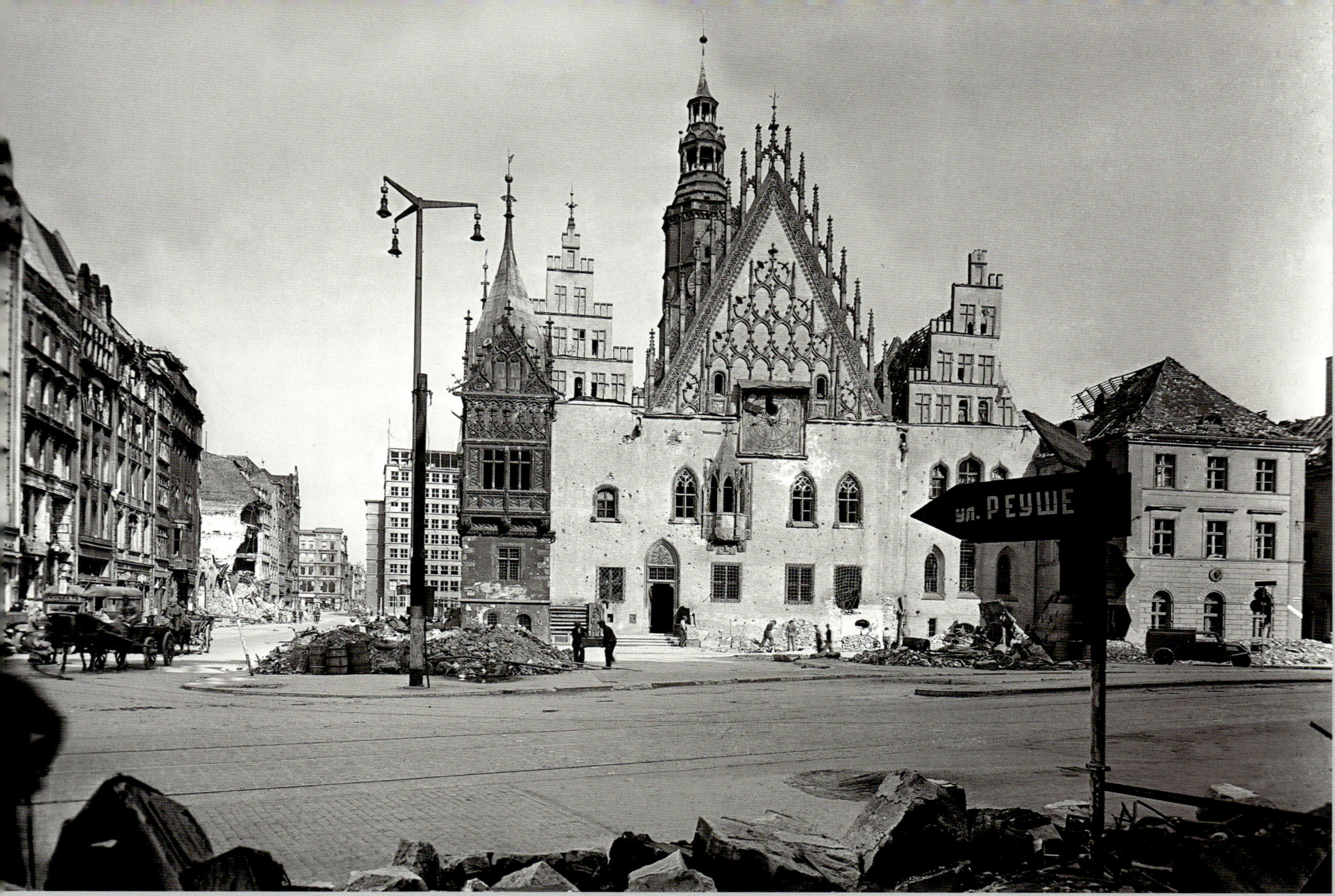
ул. РЕУШЕ

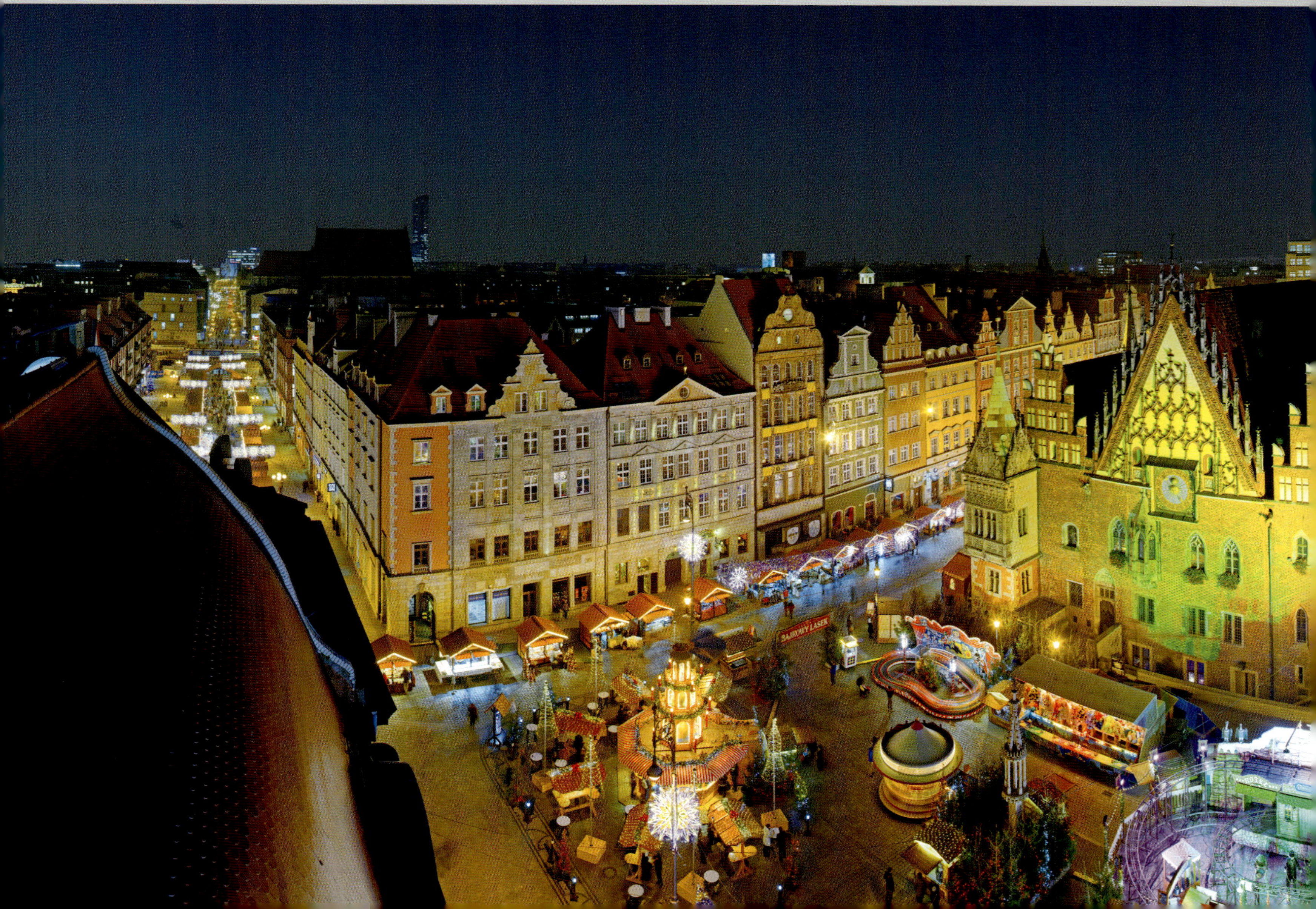

Ostfassade des Breslauer Rathauses. Fot. Rudolf Jagusch, 1945 [SM]

Breslauer Rynek (ehem. Großer Ring) – Ostseite mit Blick auf den Inneren Ringblock und in die Ulica Kuźnicza hinein (ehem. Schmiedebrücke). Fot. Rudolf Jagusch, 1945 [SM]

Das Panorama des Großen Rings und der Altstadt Richtung Südosten

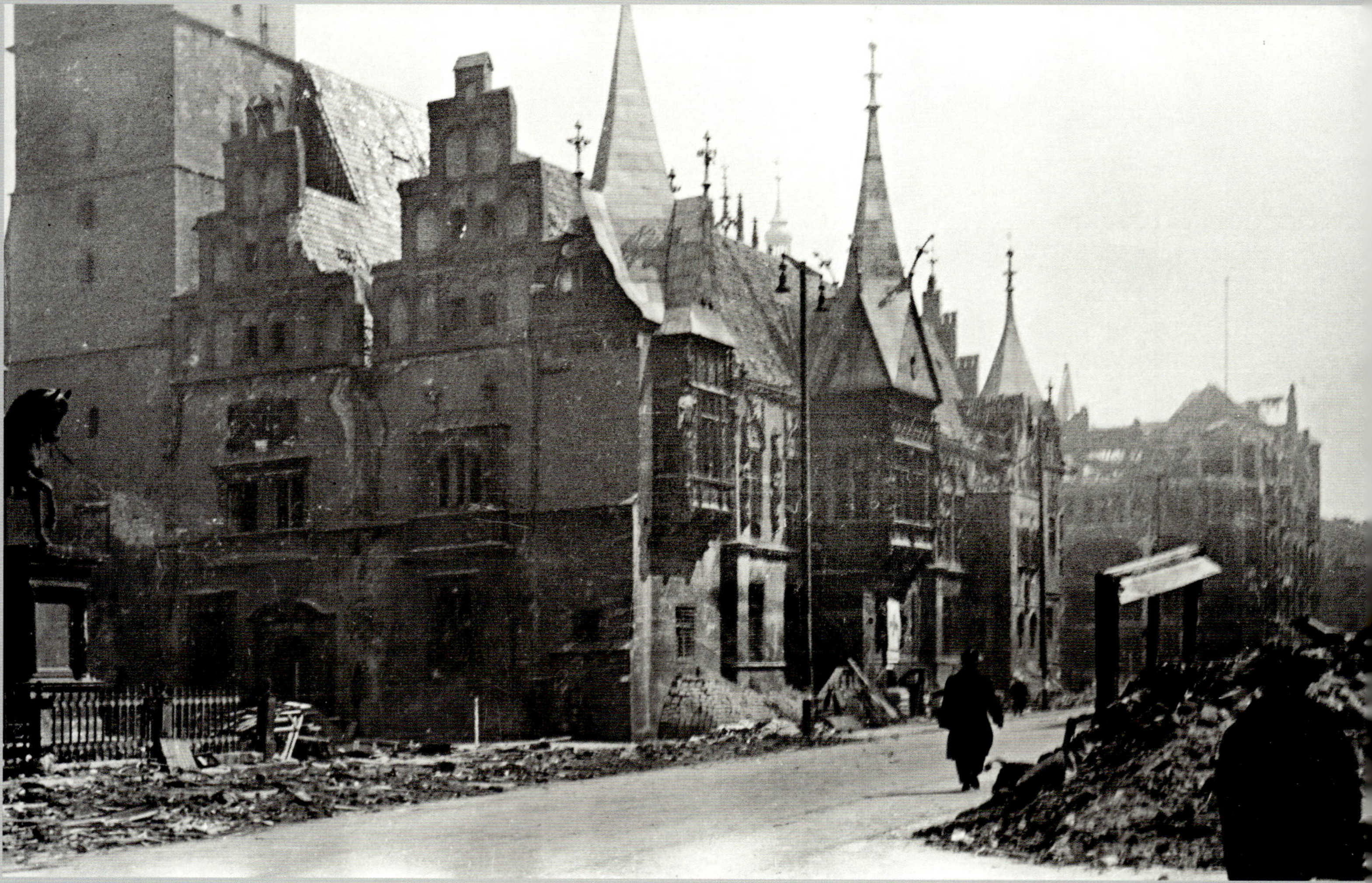

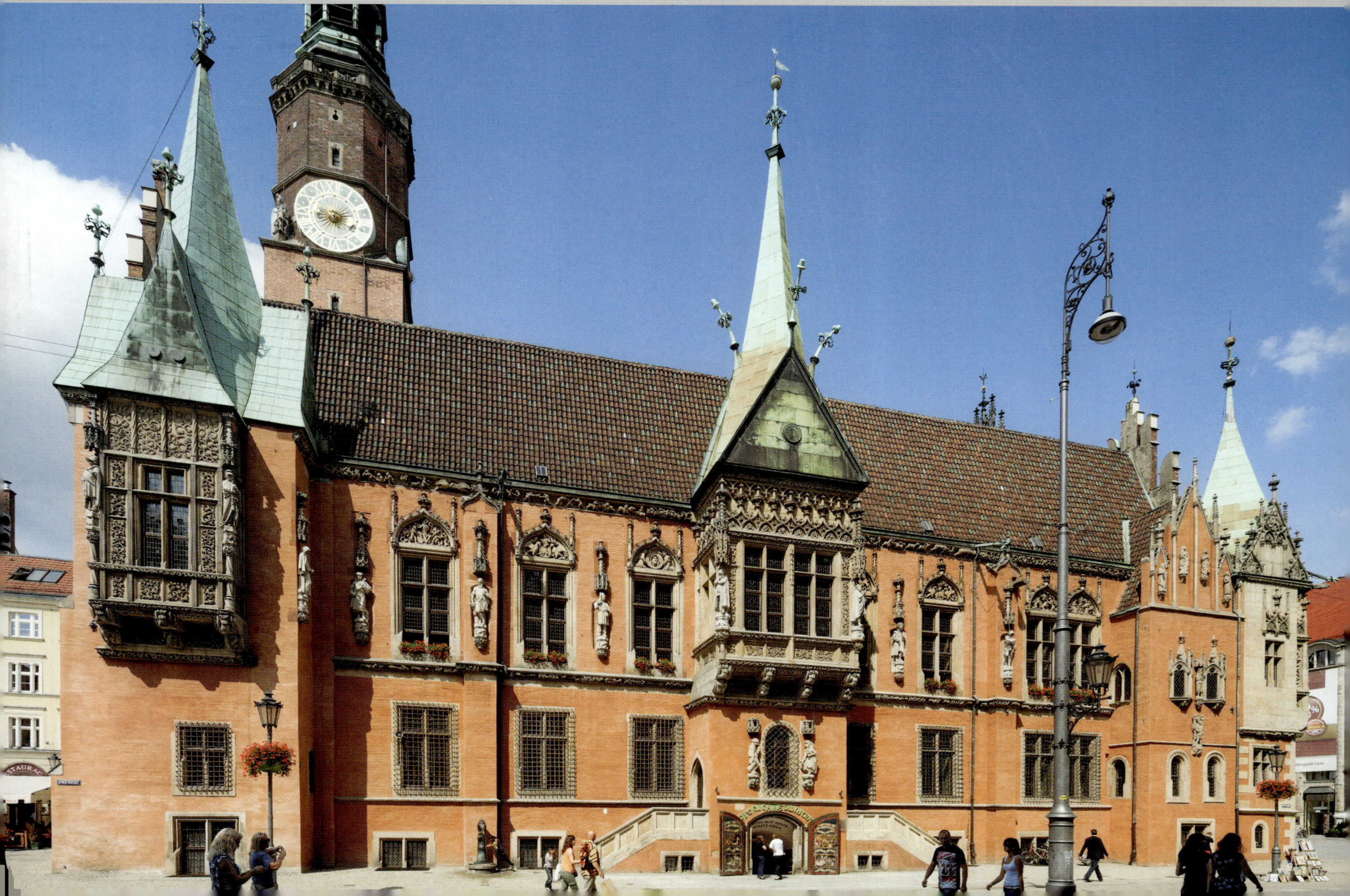

Seite 24:
Südseite vom Rynek (Großer Ring) mit dem Rathaus und dem Reiterstandbild Friedrich Wilhelms III. (links). Fot. Henryk Makarewicz, Mai 1945 [SM]

Großer Ring, Südfassade des Rathauses

Rathaus, Blick durch das zerstörte Gewölbe der Vogtei in den Fürstensaal hinein. Fot. Krystyna Gorazdowska (?), 1945 [SM]

Rathaus, die Vogtei

Das Panorama der Altstadt Richtung Südosten, Blick vom Rathausturm. Fot. Krystyna Gorazdowska (?), 1945 [SM]

Blick vom Rathausturm auf die Mündung der Straßen Świdnica und Oławska (ehem. Schweidnitzer und Ohlauer Straße) in den Großen Ring

Blick vom Großen Ring in die Ulica Świdnicka hinein, links – Mündung der Ulica Oławska. Fot. Krystyna Gorazdowska (?), 1945 [SM]

Blick vom Großen Ring in die Ulica Świdnicka hinein

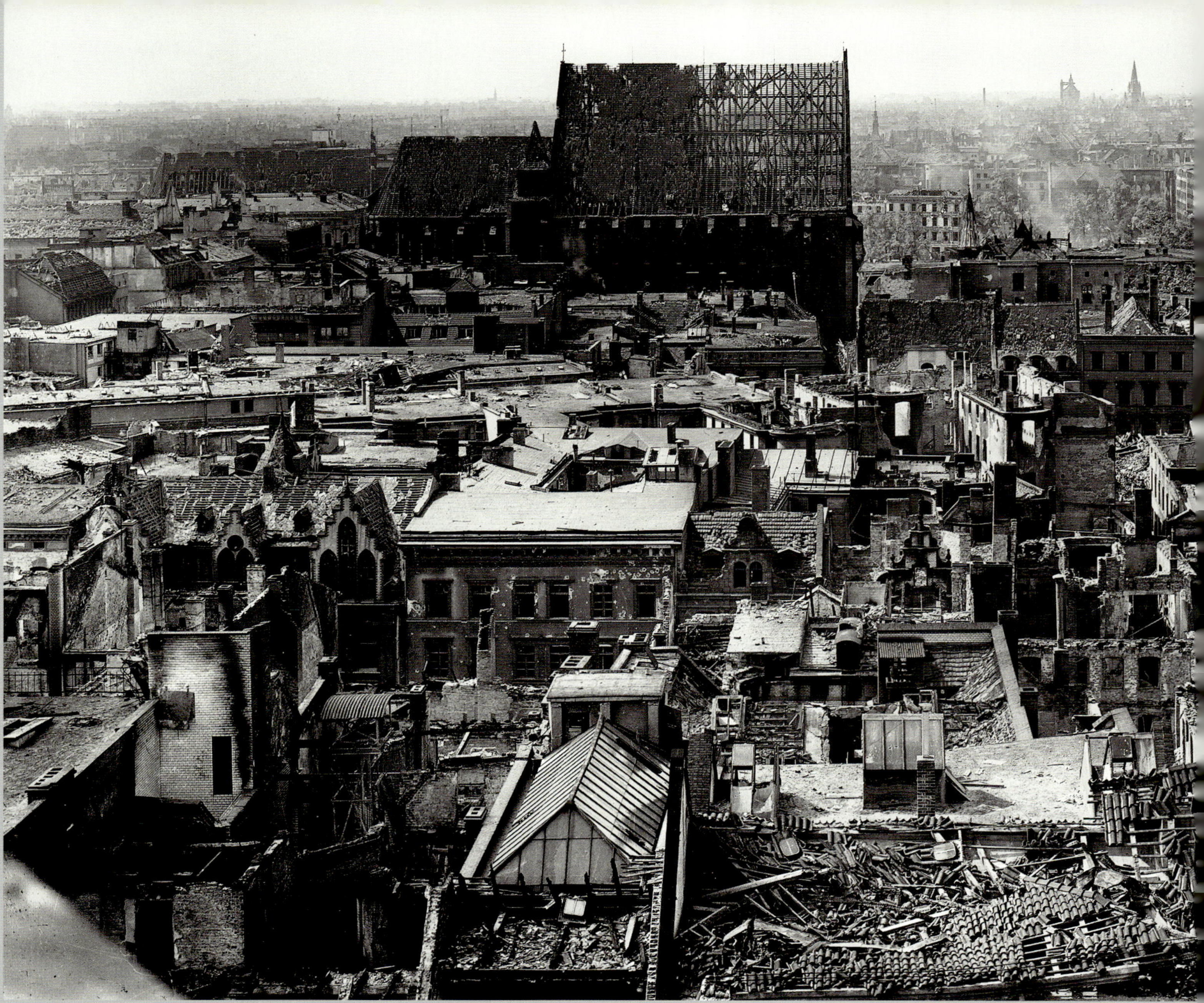

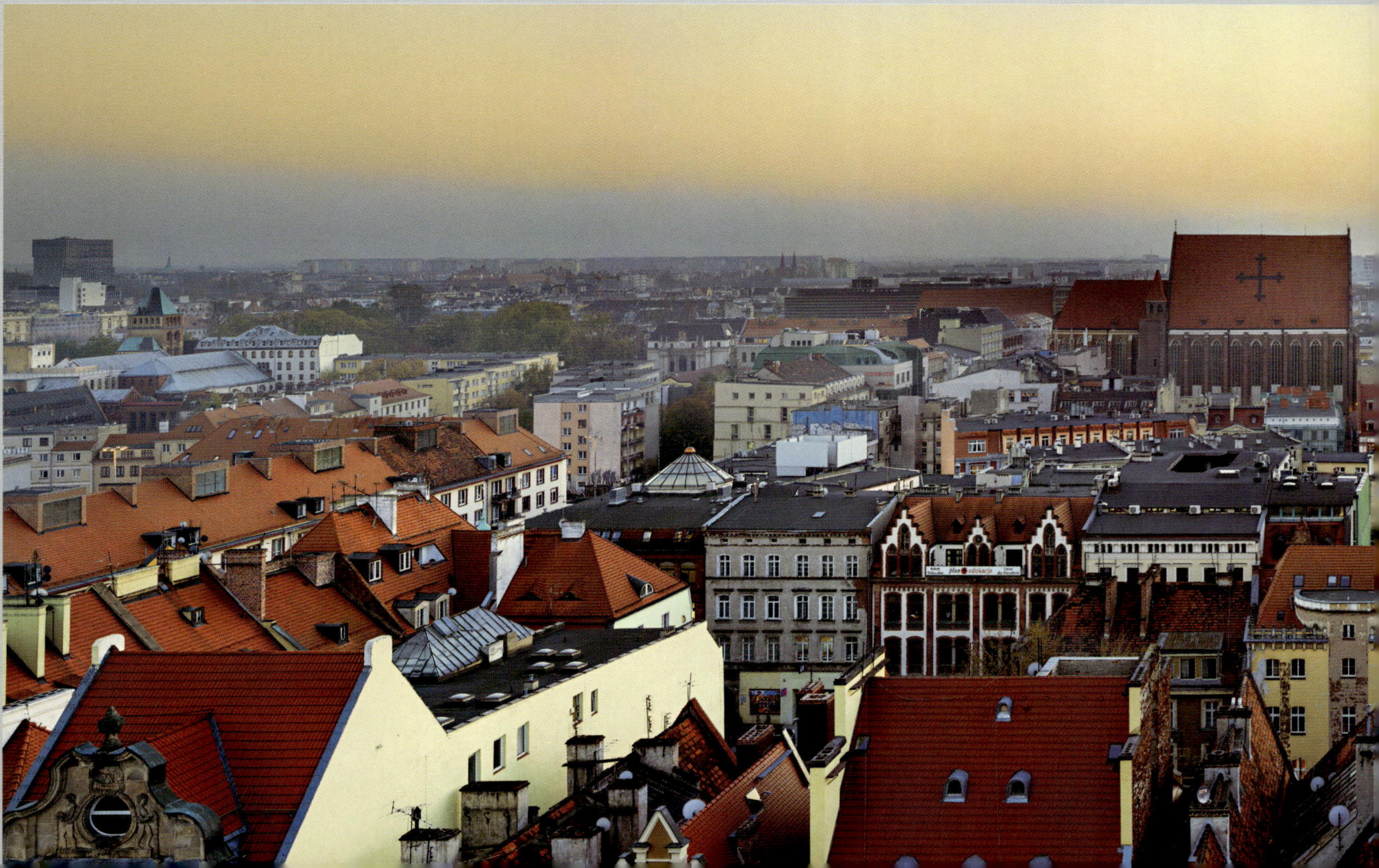

Blick vom Rathausturm südwärts mit der St. Dorotheenkirche im Hintergrund. Fot. Krystyna Gorazdowska (?), 1945 [AM]

Das Panorama des südlichen Altstadtteils

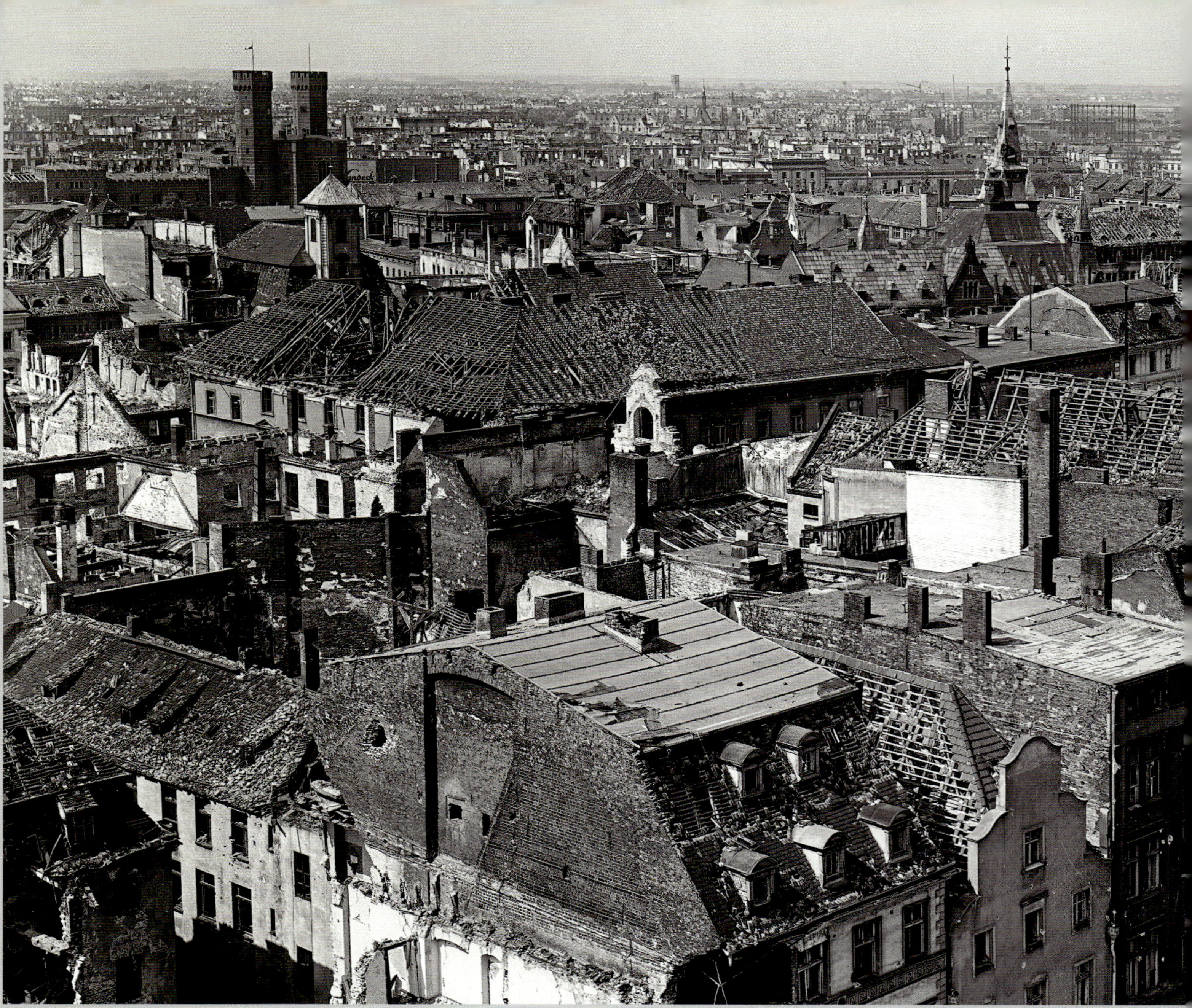

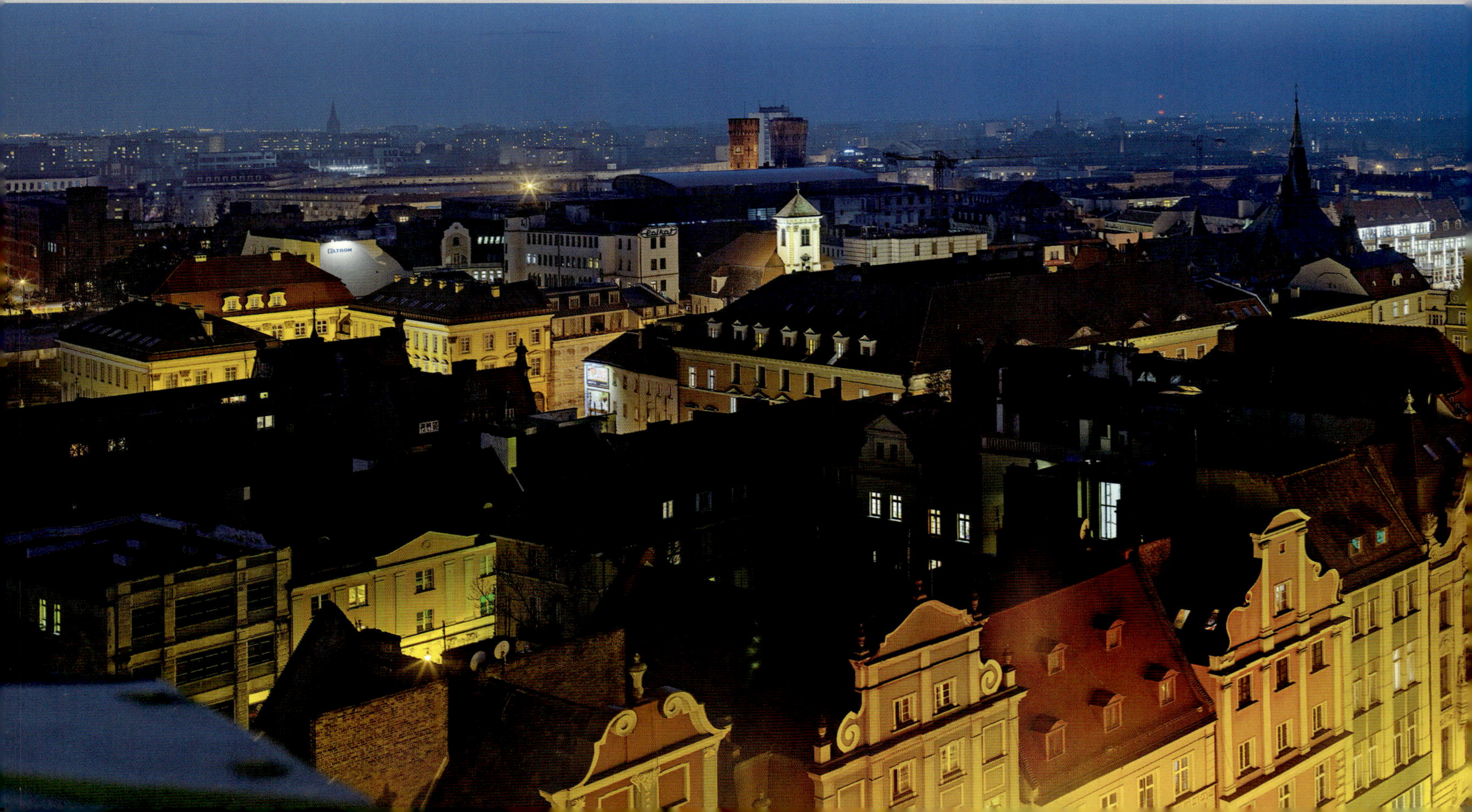

Blick vom Rathausturm Richtung Südwesten.
Fot. Krystyna Gorazdowska (?), 1945 [SM]

Blick vom Rathausturm Richtung Plac Solny
(ehem. Salzmarkt)

Das Altstadtpanorama vom Rathausturm nordwärts mit dem Hauptgebäude der Universität Breslau im Hintergrund.
Fot. Krystyna Gorazdowska, 1946 [SM]

Blick vom Rathausturm nordwärts

Die Nordseite des Großen Rings mit der St. Elisabethkirche im Hintergrund. Fot. Krystyna Gorazdowska (?), 1945 [SM]

Die Nordseite des Großen Rings

Blick vom Rathausturm nordwestwärts zur St. Elisabethkirche. Fot. Henryk Makarewicz, Mai 1945 [SM]

Blick vom Rathausturm Richtung Nordwesten

34

Trümmerbeseitigung auf dem Großen Ring. Fot. Krystyna Gorazdowska, 1945 [SM]

Nordwestliche Ecke des Großen Rings mit den Häusern *Hänsel* und *Gretel* vor der St. Elisabethkirche

Blick vom Turm der St. Elisabethkirche Richtung Dominsel. Unbekannter Fotograf, 1945 [SM]

Blick vom Turm der St. Elisabethkirche Richtung Nordosten

Stadtarsenal in der Ulica Antoniego Cieszyńskiego (ehem. Burgfeld). Fot. Krystyna Gorazdowska, 1946 [AM]

Der Hof des Stadtarsenals. Fot. Krystyna Gorazdowska, 27.07.1948 [AM]

Blick vom Turm der St. Elisabethkirche auf das Stadtarsenal

Stadtarsenal, Sitz der Abteilungen des Breslauer Stadtmuseums und des Bauarchivs Breslau

Ruine des ehemaligen Städtischen Schlachthofs in der Ulica Łazienna (ehem. Eugelsburg). Fot. Edmund Małachowicz, 1948 [SM]

Mietshaus an der Ecke der Straßen Białoskórnicza und św. Mikołaja (ehem. Weißgerber- und Nikolaistraße). Unbekannter Fotograf, um 1946 [SM]

Ulica Nowy Świat (ehem. Neueweltgasse) mit der Mündung der Ulica Łazienna (rechts)

Kreuzung der Straßen Białoskórnicza und św. Mikołaja (rechts)

Aufräumarbeiten in der Ulica Kuźnicza (ehem. Schmiedebrücke), die Universitätskirche im Hintergrund.
Fot. Krystyna Gorazdowska, 1945 [SM]

Das Gebäude der Fakultät für Jura, Verwaltung und Wirtschaft der Universität Breslau an der Kreuzung der Straßen Kuźnicza und Uniwersytecka (ehem. Schmiedebrücke und Ursulinenstraße)

Ulica Kuźnicza Richtung Großer Ring. Fot. Krystyna Gorazdowska, 1946 [AM]

Ulica Kuźnicza Richtung Großer Ring, Blick von der Ulica Kotlarska (ehem. Kupferschmiedestraße)

Ruine des Hauptgebäudes der Universität Breslau. Fot. Marian Idziński, Sommer 1945 [ONB]

Das Gebäude der Fakultät für Jura, Verwaltung und Wirtschaft der Universität Breslau, Ulica Kuźnicza (ehem. Schmiedebrücke)

Oratorium Marianum – der Musiksaal der Universität Breslau. Fot. Stefan Arczyński, 1954 [VN]

Oratorium Marianum mit den von Christoph Wetzel rekonstruierten barocken Fresken

Oben: die Ostseite der Ulica Świdnicka (ehem. Schweidnitzer Straße) zwischen den Straßen Oławska und Ofiar Oświęcimskich (ehem. Ohlauer und Junkernstraße). Mitte: Blick in die Ulica Ofiar Oświęcimskich hinein Richtung Osten. Unbekannter Fotograf, 1946 [AM]

Umzug der Bewohner Breslaus und Niederschlesiens durch die Ulica Świdnicka nach der Militärparade anlässlich des Tages des Sieges. Fot. Krystyna Gorazdowska, 9.05.1946 [SM]

Seite 47:
Ulica Świdnicka Richtung Großer Ring

Ulica Świdnicka an der Kreuzung der Ulica Heleny Modrzejewskiej (ehem. Agnes-Sormastraße) und dem Plac Teatralny (ehem. Zwingerplatz)

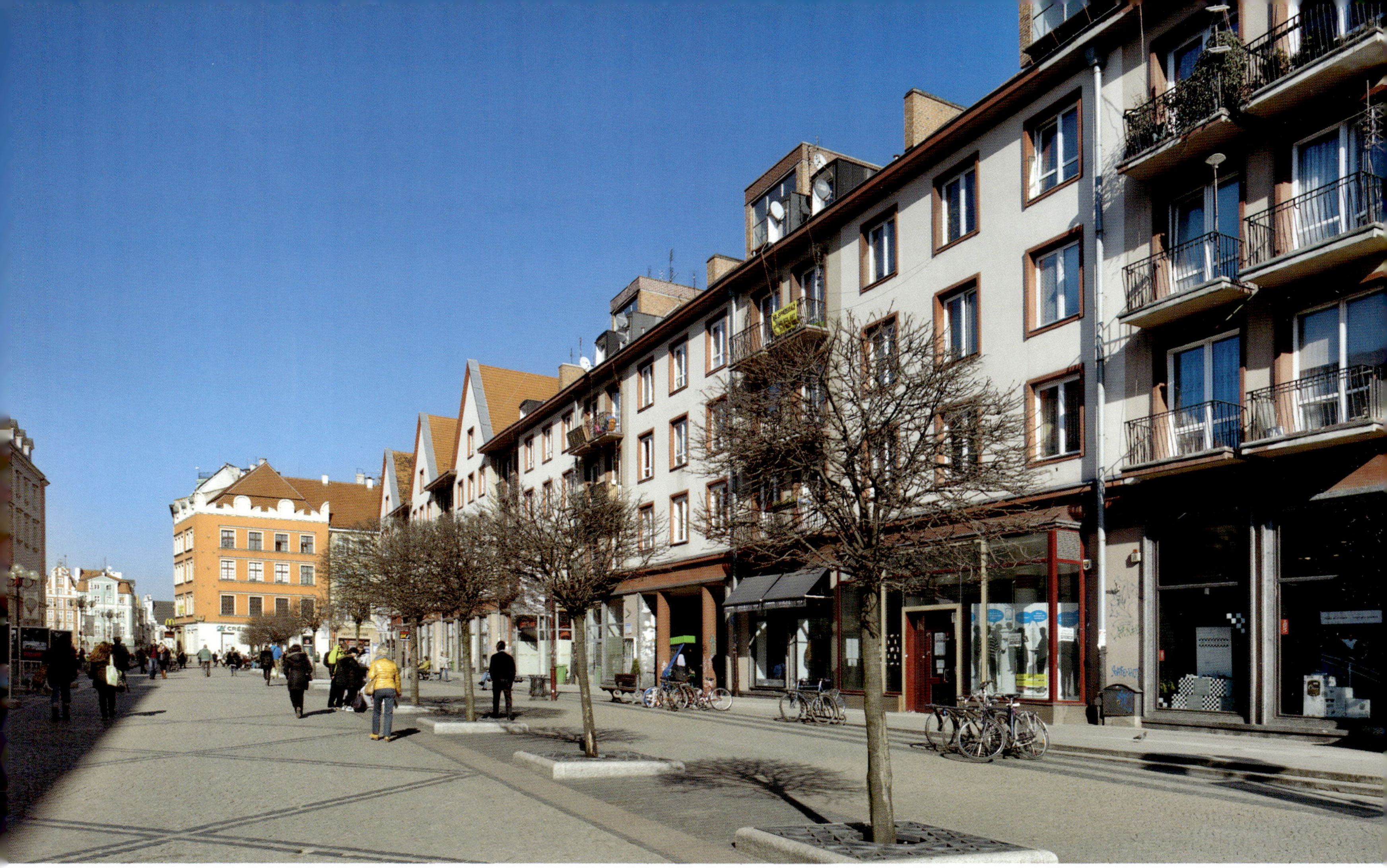

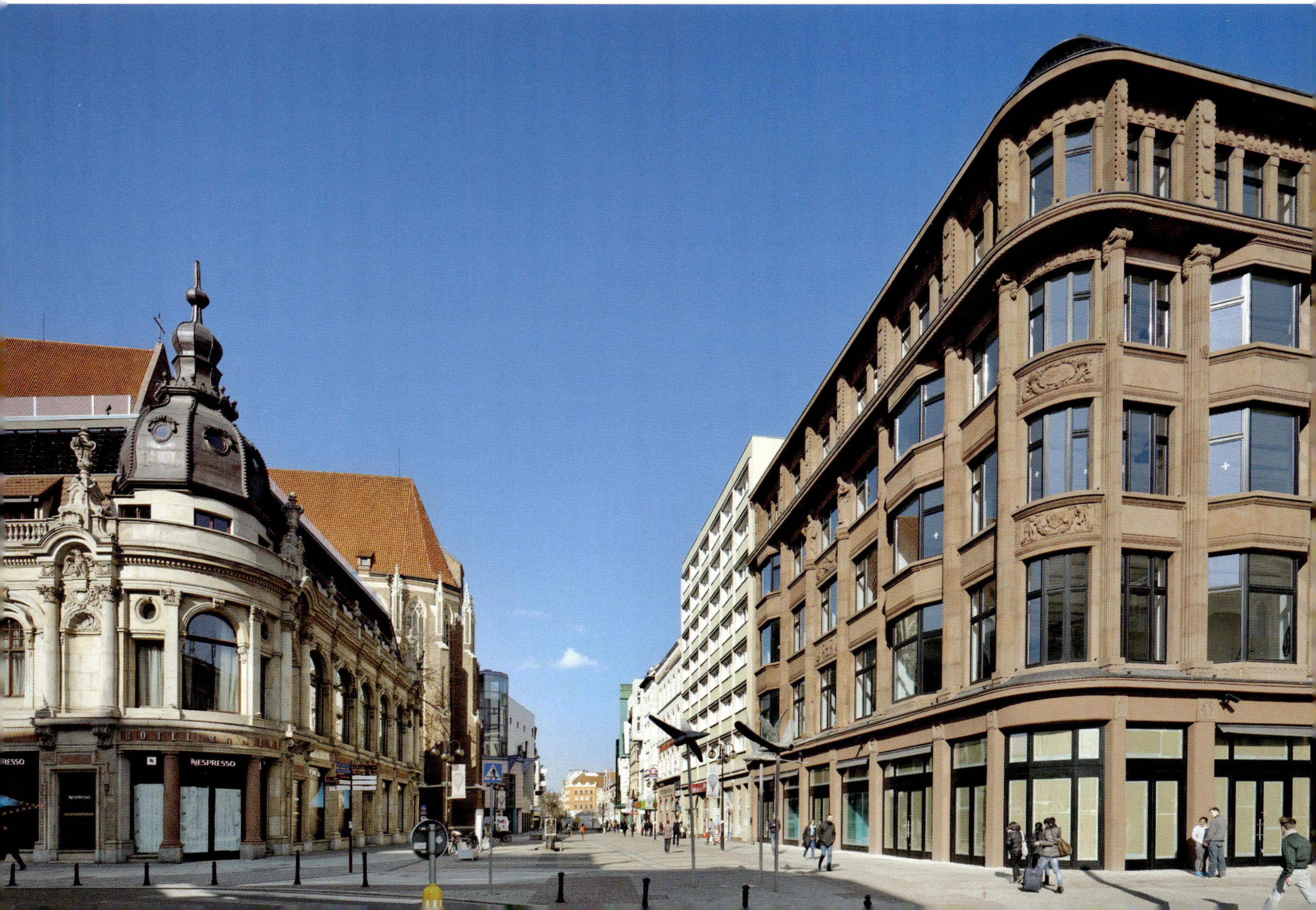
NESPRESSO

Ulica Ofiar Oświęcimskich (ehem. Junkernstraße), Blick Richtung Ulica Eugeniusza Gepperta und Plac Solny (ehem. Schloßstraße und Salzmarkt). Fot. Krystyna Gorazdowska (?), 1945 [SM]

Plac Solny (Salzmarkt) mit einem Fragment der Westseite und dem Sockel des Denkmals von Gebhard Leberecht von Blücher. Fot. Krystyna Gorazdowska (?), 1945 [SM]

Das Gebäude der Alten Börse am Plac Solny, Blick von der Ulica Ofiar Oświęcimskich

Westliche und nördliche Seite des Plac Solny

Breslauer Opernhaus (ehem. Stadttheater) in der Ulica Świdnicka (ehem. Schweidnitzer Straße). Fot. Rudolf Jagusch (?), 1945 [SM]
Blick von der Altstadtpromenade auf die zerstörte Südfassade des Breslauer Opernhauses. Fot. Rudolf Jagusch (?), 1945 [SM]

Breslauer Opernhaus in der Ulica Świdnicka

Nordfassade des Breslauer Opernhauses. Fot. Rudolf Jagusch (?), 1945 [SM]

Ulica Heleny Modrzejewskiej (ehem. Agnes-Sormastraße), Blick Richtung Plac Teatralny (ehem. Zwingerplatz)

Ecke des Plac Teatralny und der Ulica Widok (ehem. Zwingerplatz und Siehdichfür). Fot. Krystyna Gorazdowska, 1946 [SM]

Mediathek am Plac Teatralny

Ulica Świdnicka (ehem. Schweidnitzer Straße), Blick von der Ulica Podwale (ehem. Schweidnitzer Stadtgraben) Richtung Großer Ring. Fot. Marian Idziński, Sommer 1945 [ONB]

Ulica Świdnicka und die Corpus-Christi-Kirche

Plac Tadeusza Kościuszki (ehem. Tauentzienplatz), nordöstliche Ecke (oben), Blick ostwärts (Mitte) und südwestliche Ecke. Unbekannter Fotograf, 1946 (?). [AM]

Unten: Plac Tadeusza Kościuszki, Luftaufnahme 2010

Seite 55:
Ehemaliges *Wertheim*-Kaufhaus. Links – Denkmal des Kaisers Wilhelm I. in der Altstadtpromenade an der Ulica Świdnicka (ehem. Schweidnitzer Straße). Fot. Adam Czelny, 1947 [SM]

Das Kaufhaus *Renoma* und das Denkmal des Königs Bolesław des Tapferen in der Altstadtpromenade

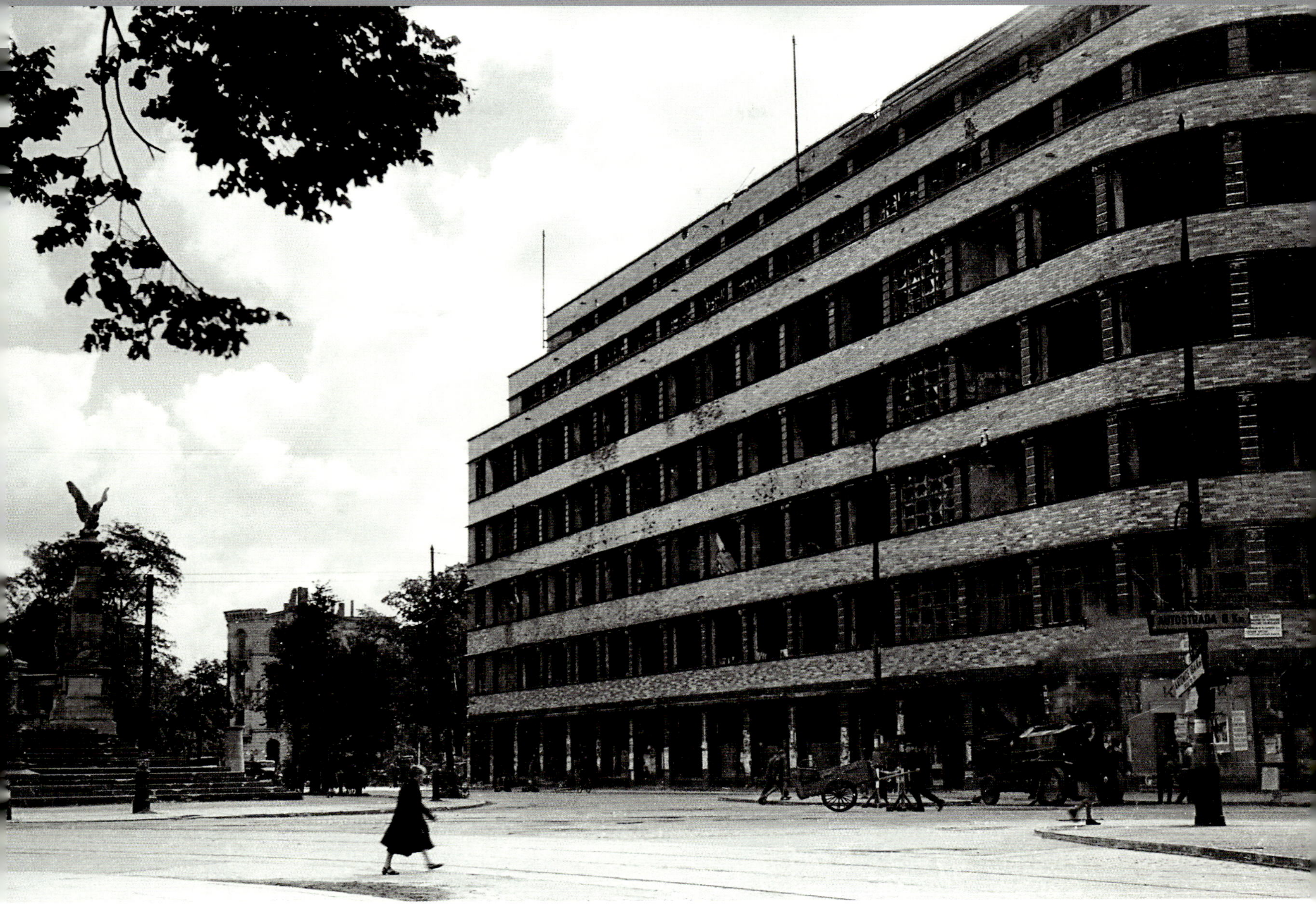

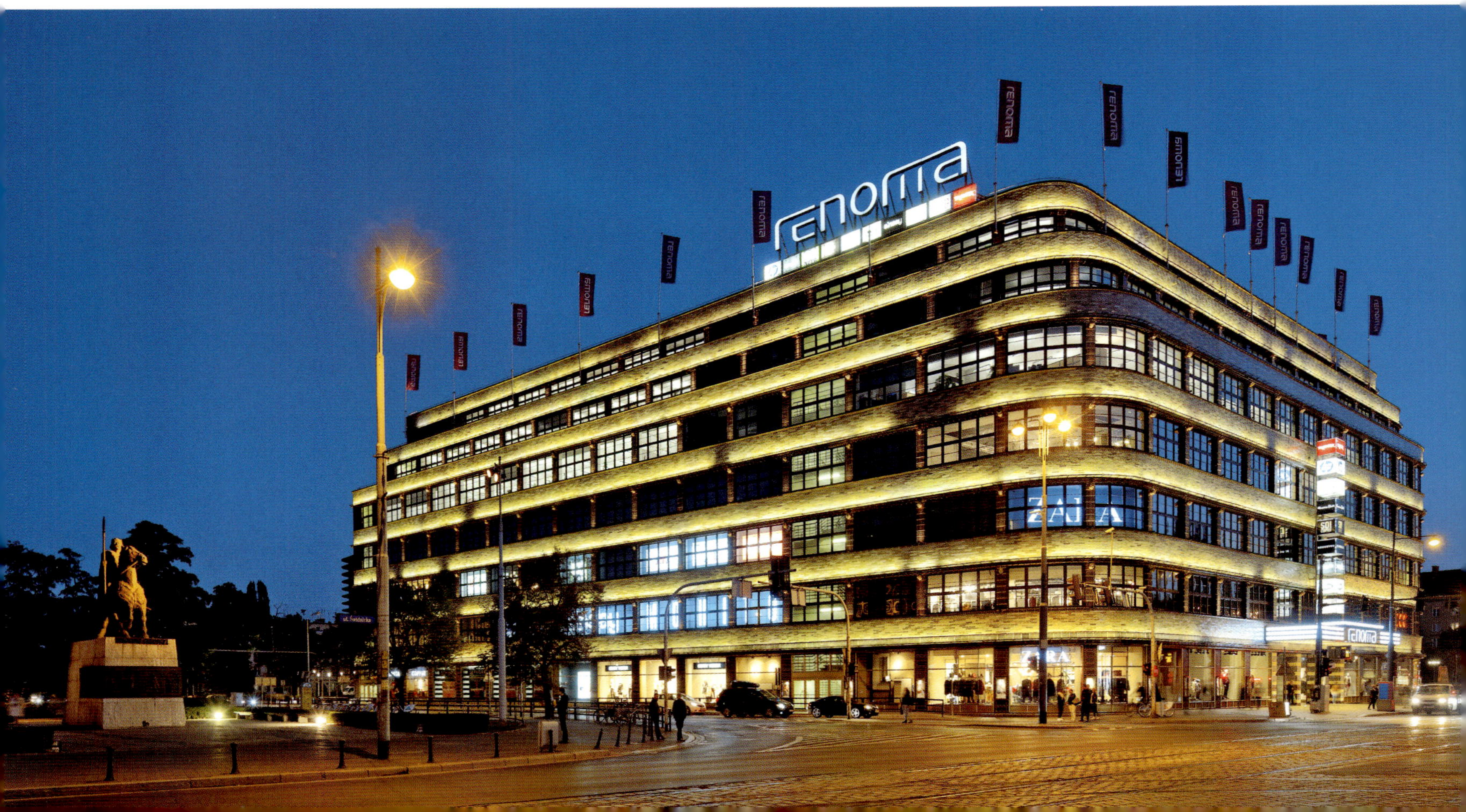
renoma
ZARA

Ulica Krupnicza (ehem. Graupenstraße), links – das zerstörte Museum für Kunstgewerbe und Altertümer.
Fot. Marian Idziński, 1945 [SM]

Plac Wolności (ehem. Schlossplatz) - Blick von der Ulica Krupnicza. Fot. Marian Idziński, 1945 [SM]

Seite 57:
Nationales Musikforum am Plac Wolności und das Innere seines Hauptkonzertsaals

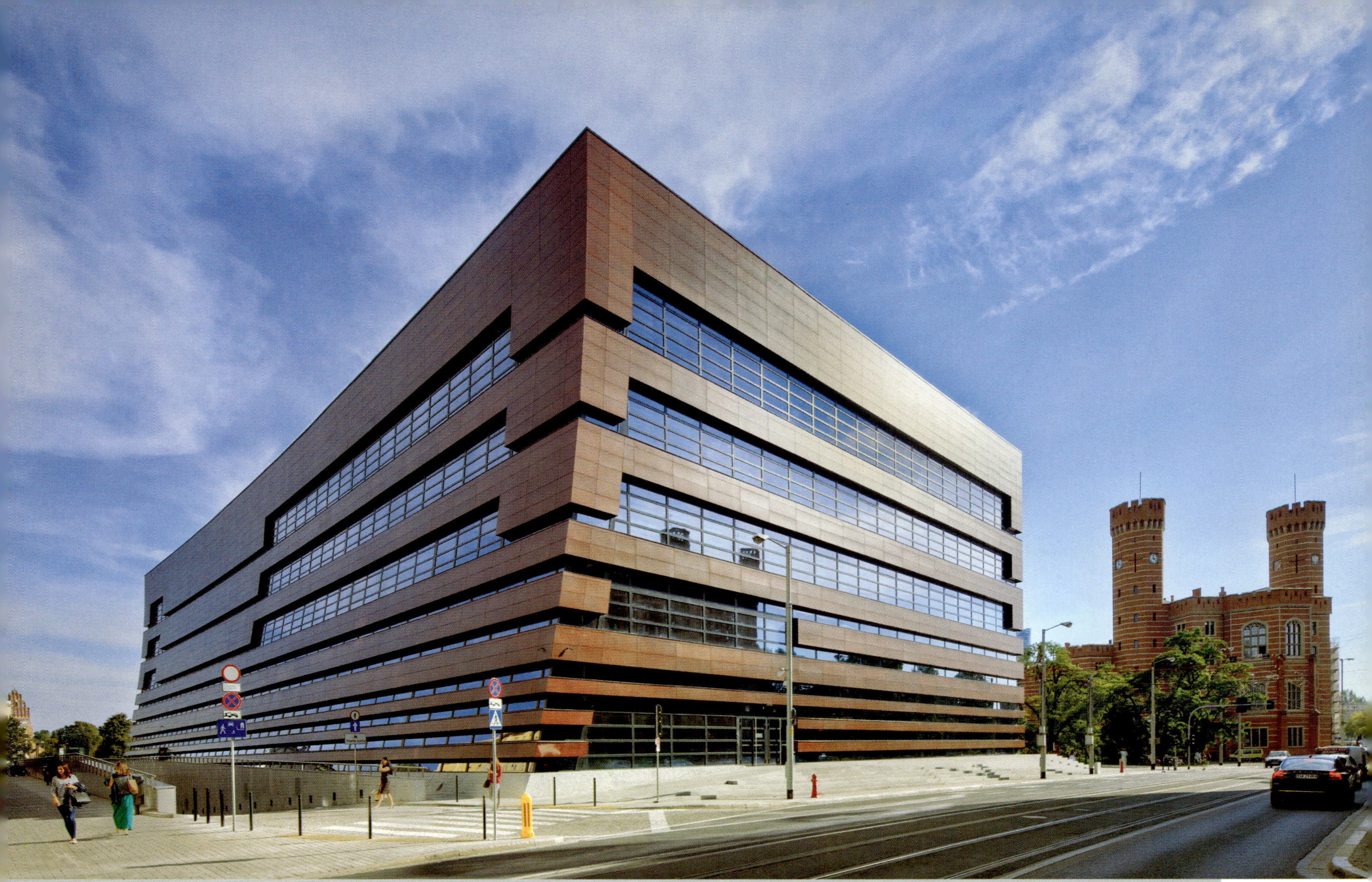

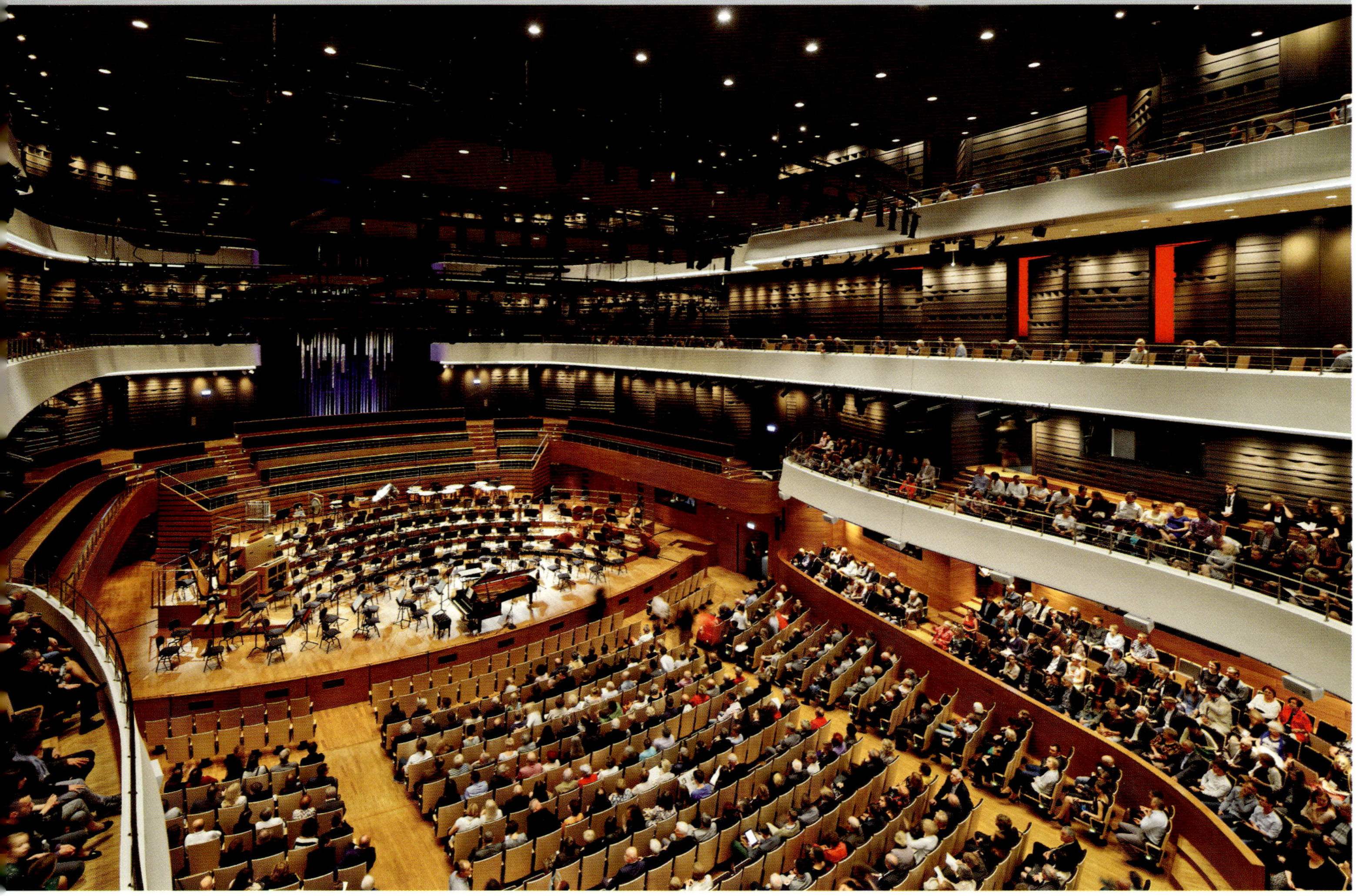

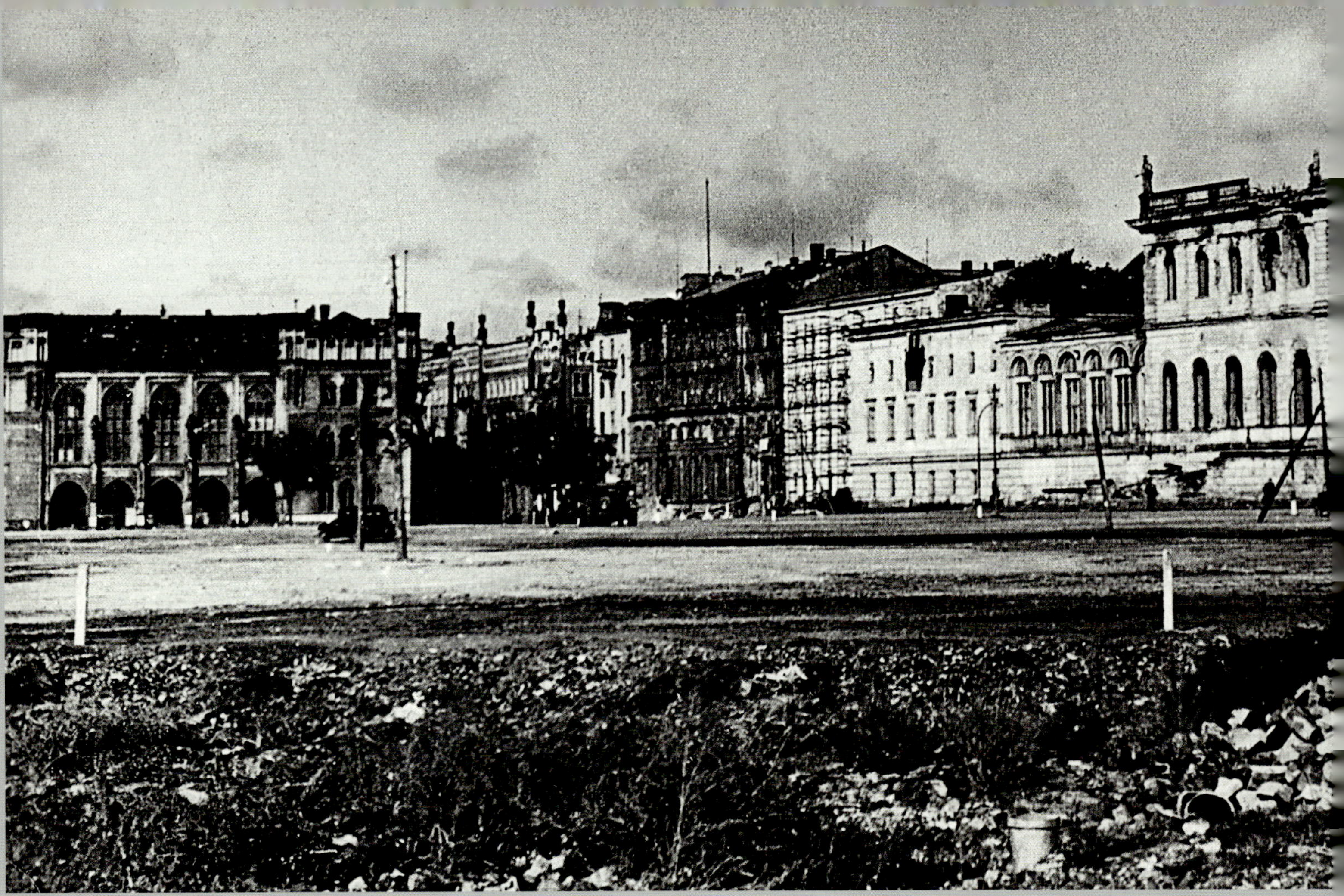

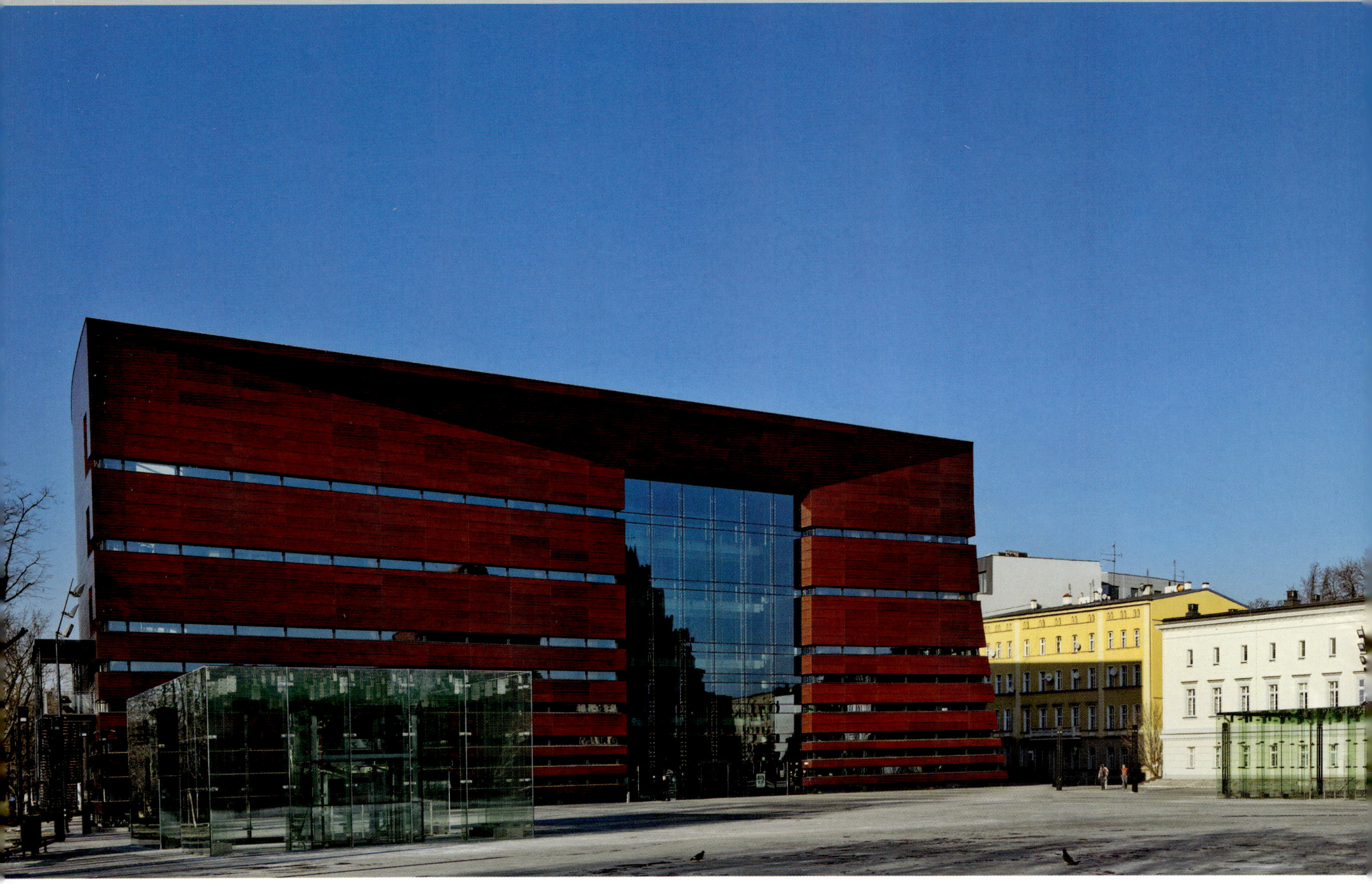

Plac Wolności (ehem. Schloßplatz) mit dem zerstörten Südflügel des ehemaligen preußischen Königsschlosses. Unbekannter Fotograf, 1948 [SM]

Blick auf den Plac Wolności von Südosten mit dem Nationalen Musikforum und dem Königsschloss (dem heutigen Sitz des Breslauer Stadtmuseums, rechts)

60

Seite 60:
Blick vom Hof des Königsschlosses auf die heutigen Straßen Kazimierza Wielkiego und Eugeniusza Gepperta (ehem. Karlstraße und Schlossstraße). Fot. Rudolf Jagusch, 1946 [SM]

Ulica Kazimierza Wielkiego (ehem. Karlstraße) – Blick Richtung Ulica Ofiar Oświęcimskich (ehem. Junkernstraße). Unbekannter Fotograf, 1945 [AM]

Hof des Königsschlosses, Fragment des Ostflügels. Fot. Tomasz Olszewski, 1960 [SM]

Hof des Königsschlosses, heute Sitz des Breslauer Stadtmuseums

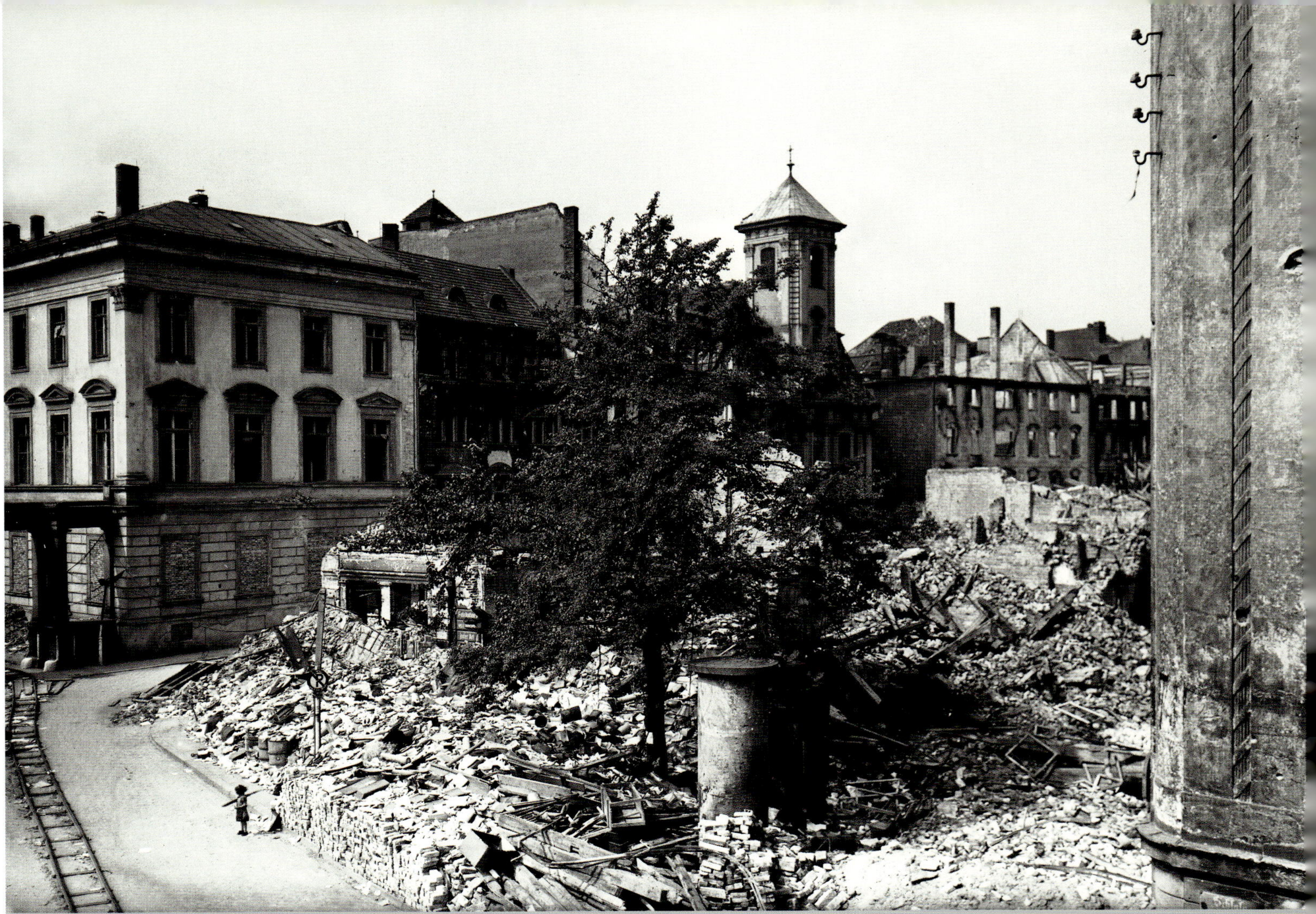

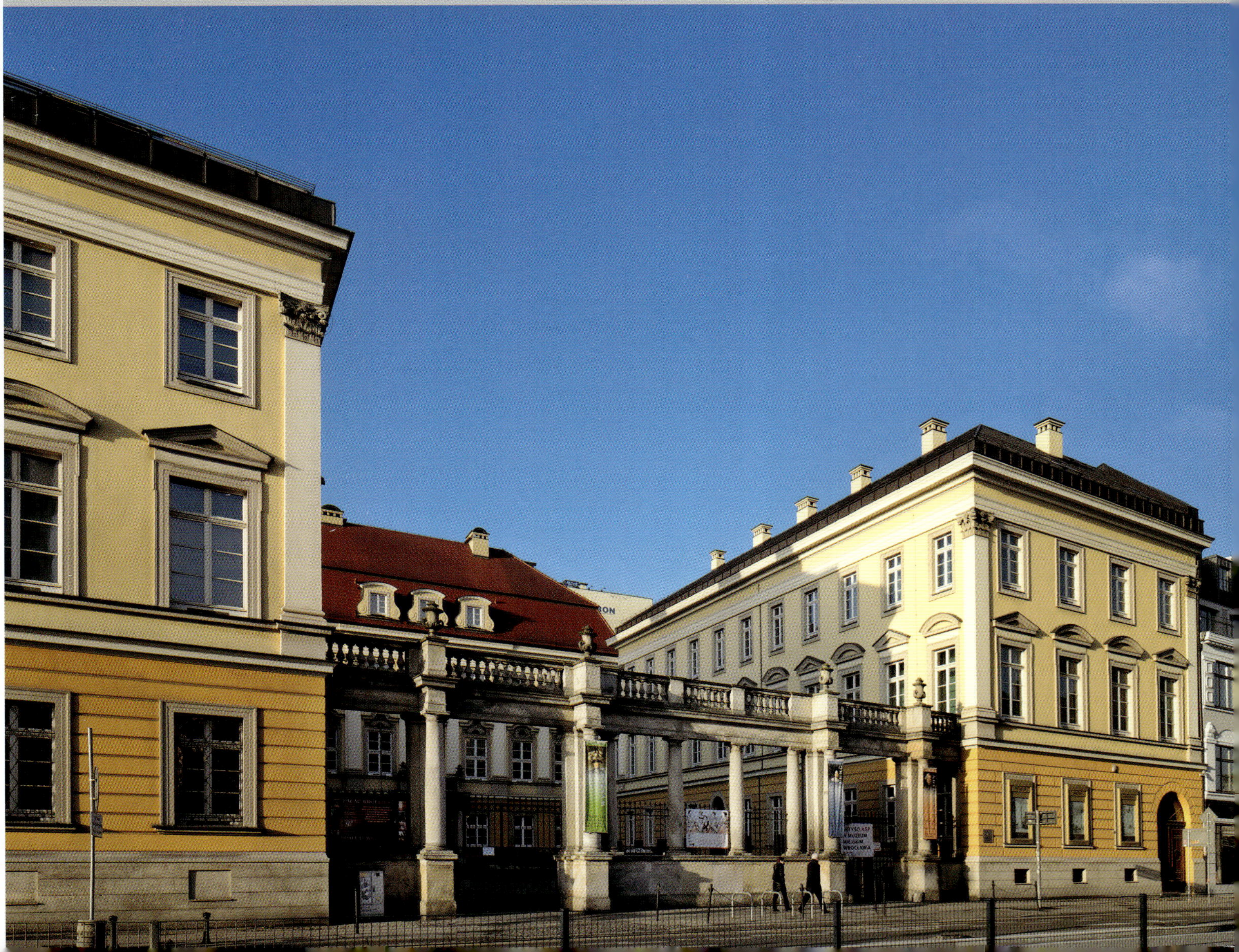

Bildbände, Reiseführer und Dokumentationen aus unserem umfangreichen Angebot

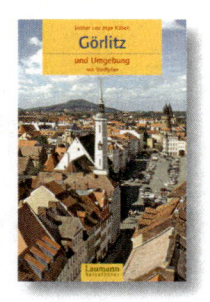

Inge und Lothar Küken
Görlitz und Umgebung
hrsg. von Alfred Theisen

Reiseführer, 180 Seiten, 92 farbige Abbildungen und farbiger zweiseitiger Stadtplan sowie ein ausführliches Hotel- und Pensionsverzeichnis
ISBN 978-3-89960-158-9

7,90 Euro

Dieser neue erweiterte Stadtführer, der nunmehr bereits in der 6. Auflage erscheint, soll mit der einzigartigen Architektur, der bewegenden Geschichte, den zahlreichen Sehenswürdigkeiten und der reizvollen Umgebung der Neißestadt vertraut machen und dem heutigen Besucher den einmaligen Charme von Görlitz erschließen und traumhaft erleben lassen. – Zum Schluss führt der Autor den Leser in die Umgebung von Görlitz, u.a. ins Zittauer Gebirge, nach Bautzen, ins Riesengebirge, über Bunzlau nach Hirschberg, in die Königshainer Berge sowie nach Niesky und Bad Muskau.

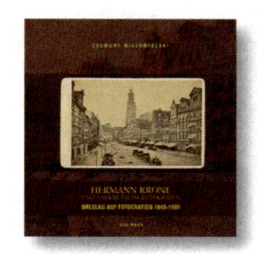

Zygmunt Wielowiejski
Hermann Krone und andere frühe Fotografen
Breslau auf Fotografien 1840–1900

1. Aufl. 2014, 120 Seiten, Format 28,5 x 31 cm, Hardcover
ISBN 978-3-89960-423-8

45,80 Euro

Galt die Fotografie zunächst nur als Jahrmarktsattraktion, so wurde sie bald darauf für einige Jahrzehnte zur rein pragmatischen Informationsquelle. Damals entstanden erste private und öffentliche Sammlungen fotografierter Stadtansichten. Entdeckungen sind möglich und zu erwarten – sei es, dass bisher anonyme Fotografen indentifiziert oder Fotografien von Ateliers aufgefunden werden, die nur dem Namen nach bekannt sind.

Klimek/Maciejewska
Breslau im Detail
Mit aktuellen Aufnahmen die Geschichte erleben

144 Seiten, Format 28,5 x 31 cm, 136 Farbfotos, Hardcover mit Schutzumschlag
ISBN 978-3-89960-405-4

42,80 Euro

als Mini Album lieferbar:
216 Seiten, über 120 Farbfotos, Format 16,5 x 15,5 cm, Hardcover
ISBN 978-3-89960-461-0

23,80 Euro

In Breslau gibt es zahlreiche historische Spuren vom Wirken und Schaffen seiner ehemaligen Bewohner. Dieser prachtvolle Bildband mit seinen aktuellen Aufnahmen von den historischen Gebäuden und Sehenswürdigkeiten lässt den Breslauliebhaber die Geschichte dieser wunderschönen Stadt und ihrer Bewohner wiedererleben.

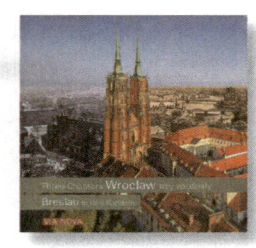

Breslau in drei Kapiteln

48 Seiten, durchgehend farbig illustriert, 3-sprachig (deutsch, englisch, polnisch), Format 28,5 x 27,5 cm, Hardcover mit Spiralbindung
ISBN 978-3-89960-393-4

29,80 Euro

Der Bildband »Breslau in drei Kapiteln« stellt einen Versuch dar, die prächtige Stadt mit bewegter Geschichte zu präsentieren.
– Der Ring, Denkmal für Friedrich Wilhelm III. von 1861
– Der Ring für Friedrich Wilhelm III. vor dem Hintergrund der zerstörten Häuser
– Neumarkt mit Neptunbrunnen um 1930
– Neumarkt (Nordseite)
usw.

Beata Lejman (Hg.)
Museen in Breslau

144 Seiten, durchgehend farbig illustriert, Format 24,5 x 24,5 cm, Hardcover
ISBN 978-3-89960-394-1

29,80 Euro

Diese Publikation gibt einen Überblick über die Angebote der kulturellen Institutionen in der ungewöhnlichen Stadt Breslau. Sie soll als Einladung zu dem faszinierenden und erhellenden Abenteuer verstanden werden, das den Besucher eines Museums erwartet. Seine Adressaten sind sowohl die Einwohner von Breslau, als auch die Gäste der Hauptstadt Niederschlesiens, die ihre ersten Schritte gewöhnlich in Museen lenken, um den Geist und die Seele der Stadt, zu entdecken und zu verstehen.

Marius Kotkowski
Ungewöhnlicher Alltag
Breslau auf historischen Postkarten

1. Aufl. 2017, 256 Seiten, 356 Postkarten, Format 30 x 23,5 cm, Hardcover mit Schutzumschlag
ISBN 978-3-89960-469-6

42,80 Euro

Der umfangreiche Bildband von Mariusz Kotkowski präsentiert eine Auswahl von 356 Postkarten aus den besten Privatsammlungen. Die wunderschönen Postkarten sind in deutscher und polnischer Sprache beschriftet. Auf den Fotos, die zu Beginn des 20. Jahrhunderts aufgenommen wurden, ist das rege Stadtleben Breslaus zu sehen.

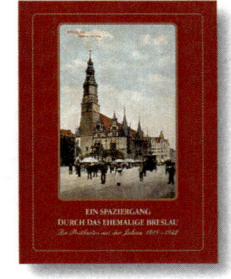

Ein Spaziergang durch das ehemalige Breslau
Die Postkarten aus den Jahren 1885–1942

96 Seiten, 24 x 33 cm, 230 Postkarten, Hardcover mit Schutzumschlag
ISBN 978-3-89960-275-3

29,80 Euro

Die Postkarten haben das Bild von Breslau verewigt, das aufgrund des Ausbaus der Stadt und der Kriegszerstörungen nicht mehr existiert. Man sieht aber auch ein paar Stellen, die bis heute unverändert geblieben sind. Die abgebildeten Postkarten stammen aus Breslauer Sammlungen: aus privaten Kollektionen und aus der Sammlung des Museums der Stadt Breslau.

Iwona Binkowska
Breslau – Fotografien aus der Zeit zwischen beiden Weltkriegen

144 Seiten mit 177 hervorragenden einfarbigen Abbildungen aus der Zeit von 1918–1945, Großformat 24 x 32 cm, gebunden
ISBN 978-3-89960-262-3

34,80 Euro

Die Aufnahmen von so hervorragenden Fotografen wie z.B. Franz Heine, Rudolf Jagusch, Heinrich Klette und Eva Kramer ermöglichen es uns heute, das Leben der damaligen Stadt darzustellen. Die Autoren der fotografischen Dokumentation stellten das alltägliche Leben der Stadtbewohner vor dem Hintergrund der Architektur dar. Der Bildband enthält auch Fotografien, die nach 1939 entstanden. Diese Bilder dokumentieren das seit mehreren Jahrzehnten unveränderte Aussehen der schlesischen Metropole, die 1945 untergehen sollte.

S. Klimek/H. Okolska
Breslau aus der Luft

96 Seiten, Format 30,5 x 24,5 cm, fester Einband mit Schutzumschlag
ISBN 978-3-89960-264-7

34,80 Euro

Aus einem Sportflugzeug gesehen, zeigt sich Breslau als ein vielfarbiges, durch Oderarme und deren Nebenläufe durchschnittenes flaches Stadtgebiet. Die unverwechselbare Landschaft bilden unterschiedliche, an Grüngebiete angrenzende Wohn- und Industriequartiere. Das Stadtgebiet von Breslau hat heute eine Fläche von 293 km^2 und zählt ungefähr 640.000 Einwohner. Beobachtet man die Stadt aus einem tieffliegenden Sportflugzeug, lässt sich ihre historische städtebauliche Struktur gut ablesen. Erkennbar sind sowohl der frühe innerstädtische Siedlungskern als auch die später entstandenen Quartiere.

J. Tyszkiewicz und M. Karczmarek
Breslau Luftaufnahmen 1947

96 Seiten, Format 30,5 x 24,50 cm, Hardcover mit Schutzumschlag
ISBN 978-3-89960-326-2

34,80 Euro

Die Veröffentlichung der bislang dem breiteren Publikum unbekannten Luftaufnahmen von Breslau, die 1947 für militärische Zwecke gemacht wurden und die den Zerstörungsgrad der ganzen Stadt unmittelbar nach dem Zweiten Weltkrieg zeigen, bietet einen guten Anlass für einen Versuch, die Wiederaufbauprobleme der Stadt in dem ersten Nachkriegsjahrzehnt erneut zu betrachten. Eine vertiefte Archiv- und Presserecherche ließ das Dilemma des Wiederaufbaus Breslaus in den Jahren 1945-1955 in neuem Licht erscheinen. Der Charakter dieser Veröffentlichung erlaubte es, auf detaillierte Fußnoten im Text zu verzichten. Die Bibliographie umfasst aber grundlegende Quellen und Literatur zu diesem Thema.

Heinrich Trierenberg (Hg.) unter Mitarbeit von H. Berndt

Niederschlesien im Wandel

- 248 Seiten mit 200, zum großen Teil farbigen Abbildungen, Großformat DIN A4, Leinen
ISBN 978-3-89960-171-8

19,50 Euro

Großzügig ausgestatteter Bild- und Textband über die Veränderungen in der Woiwodschaft Breslau-Niederschlesien – zweisprachig deutsch und polnisch. Schwerpunkt der Bildausstattung sind die historischen Kulturdenkmäler; insbesondere sämtliche Bauobjekte, deren Restaurierung 1992 bis 1999 die Stiftung für deutsch-polnische Zusammenarbeit gefördert hat.

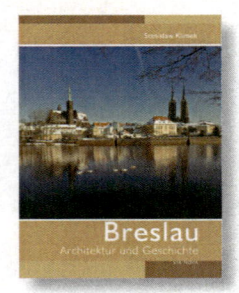

S. Klimek

Breslau
Architektur und Geschichte

2. aktualisierte Auflage, 64 Seiten mit 80 farbigen Abbildungen, Großformat 24 x 32,5 cm
ISBN 978-3-89960-254-8

26,50 Euro

Die Fotos zeigen den Reiz vieler Architekturdenkmäler der Stadt. Der interessant verfasste Text erzählt die Geschichte der Entwicklung der städtischen Architektur. Ihre komplizierte Geschichte, gute und schlechte Zeiten, wie auch die 68%-ige Zerstörung der Stadt während des Zweiten Weltkrieges – all das hat ihr heutiges Bild geprägt.

I. Binkowska

Breslau
Fotos aus der Wende vom 19. zum 20. Jahrhundert

96 Seiten mit 68 historischen Abbildungen aus den Anfängen der Breslauer Fotografie, Format 24 x 30,5 cm, gebunden
ISBN 978-3-89960-253-1

26,50 Euro

Das Album präsentiert Aufnahmen aus den Sammlungen der Universitätsbibliothek in Breslau. Im Text werden die intensive Entwicklung der Stadt wie auch der Fotografie in den damaligen Zeiten behandelt. Auf den Fotos ist das rege Stadtleben zu sehen; zahlreiche reizvolle Stadtansichten stehen neben Aufnahmen von modernen, funktionellen, manchmal sogar zukunftsweisenden Bauobjekten.

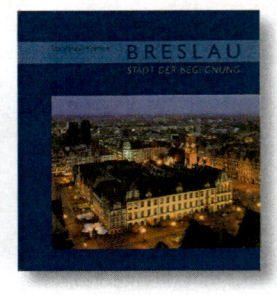

S. Klimek

Breslau – Stadt der Begegnung

144 Seiten, 28,5 x 31 cm, 136 Farbfotos, Hardcover mit Schutzumschlag
ISBN 978-3-89960-261-6

39,80 Euro

als Mini Album lieferbar:
144 Seiten, über 120 Farbfotos, Format 16,5 x 15,5 cm, Hardcover
ISBN 978-3-89960-332-3

19,80 Euro

Der prachtvolle Bildband präsentiert das heutige Bild der niederschlesischen Metropole. Themen dieser Bilder sind Architekturdenkmäler, reizvolle Innenräume, wundervolle Plastikdetails und Stadtpanoramen. Die Einführung erzählt die Geschichte der Stadt, inklusive der für sie und ihre Einwohner tragischen Zeit des Zweiten Weltkriegs.

F. Bernhard Werners

Topographie der Stadt Breslau

96 Seiten, 24 x 17 cm, 76 farbige Reproduktionen, Hardcover
ISBN 978-3-89960-248-7

14,80 Euro

Kolorierte Federzeichnungen von Friedrich Bernhard Werner aus seinem Werk »Topographia Silesiae« (aus dem in der Universitätsbibliothek aufbewahrten Exemplar) zeigen das Stadtbild in der Barockzeit. Der Text erzählt von dem bunten Leben ihres europaweit geschätzten, außerordentlich fruchtbaren Künstlers.

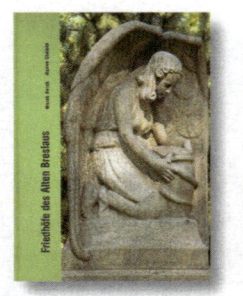

Marek Burak/Halina Okólska

Friedhöfe des alten Breslaus
mit einem aktuellen Stadtplan (Lageplan)

Großformat 24 x 31 cm, fester Einband, 336 Seiten mit über 300 ein- und mehrfarbigen Abbildungen (Kirchen- und Grabstätten) aus der Zeit der Gründung des Bistums Breslau im Jahre 1000 bis heute
ISBN 978-3-89960-312-5

59,60 Euro

Die über 1000-jährige Geschichte Breslaus zeichnet sich in der städtischen Landschaft sowohl durch ihre urbane Struktur aus, als auch durch den in diversen Zeitaltern empor gehobenen Baustil. Sie wurde geschaffen von nachfolgenden Generationen von Breslauer Bürgern, welche die Identität der Stadt gestalteten. Mit der Herausgabe dieses in 20-jähriger Arbeit entstandenen Buches wird versucht den Spuren aller Kirchen und Grabstätten nachzugehen und diese zu entziffern.

S. Klimek/M. Urbanke

Reise durch Niederschlesien

128 Seiten, 24 x 33 cm, 226 Farbfotos, zweisprachiges Ortsverzeichnis, Gebietsplan von Niederschlesien und ein Stadtplan von Breslau, Hardcover mit Schutzumschlag
ISBN 978-3-89960-263-0

36,80 Euro

In dem wunderbar großzügig gestalteten Bildband präsentiert sich Niederschlesien mit seiner Naturschönheit und all seinen Sehenswürdigkeiten. Nicht nur Natur und Landschaft, sondern das Riesengebirge, die Kurorte der Sudeten, die Vielzahl der Schlösser und Kirchen und die Metropole Breslau begeistern mit einladenden Fotos den Leser und Betrachter. Ein zweisprachiges Ortsverzeichnis, ein Ge-bietsplan von Niederschlesien und ein Stadtplan von Breslau vervollständigen den kunstvoll gestalteten Bildband.

Heinrich Trierenberg · Thomas Maruck

Reisewege zu historischen Stätten in Niederschlesien

aktualisierte und erweiterte Auflage Reiseführer; mit 154 brillanten farbigen Abbildungen sowie 12 Karten mit Routenvorschlägen, 352 Seiten, Format 12 x 19 cm, Broschur
ISBN 978-3-89960-140-4

18,50 Euro

In 12 wohldurchdachten Routen führt der Autor durch ganz Niederschlesien; gezeigt werden hier alle wichtigen Städte von Görlitz und Grünberg im Nordwesten bis nach Namslau und Brieg im Südosten einschließlich der alten Residenzstadt der Breslauer Fürstbischöfe, Neisse, die durch diesen Umstand jahrhundertelang eng mit der Hauptstadt Breslau verbunden war. Ziele sind ausgewählte Kulturdenkmäler wie die Ringplätze der Städte mit ihren Rat- und Bürgerhäusern, den Stadtpfarrkirchen, ebenso Burgen, Schlösser und Klöster.

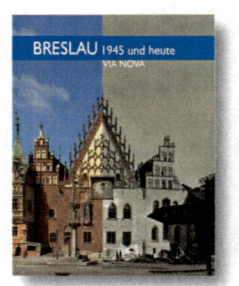

Breslau 1945 und heute

Format 24 x 32 cm, 144 Seiten, Hardcover, Bildband
ISBN 978-3-89960-439-9

42,80 Euro

Zum 70. Jahrestag des Kriegsendes präsentieren wir Ihnen einen eindrucksvollen Bildband, der in fotografischen Vergleichen zeigt, wie sehr sich Breslau im Laufe der Zeit verändert hat, wie die Stadt wiederaufgebaut, erweitert und wie schön sie wieder wurde. Die Fotografien belegen auch die immer noch vorhandenen Kriegsspuren anhand zerschossener Hausfassaden, nicht mehr benutzter Straßenbahnschienen, oder Lücken in der Bebauung. Den Archivfotografien wurden gegenwärtige Fotoaufnahmen der Breslauer Straßen und Plätze gegenübergestellt.

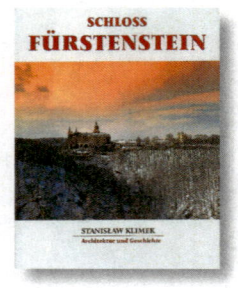

S. Klimek

Schloss Fürstenstein
Architektur und Geschichte

64 Seiten, 24,5 x 33 cm, 79 Farbfotos, Hardcover mit Schutzumschlag
ISBN 978-3-89960-256-2

26,50 Euro

Farbige Gegenwartsfotos zeigen das monumentale, reizvoll in der Berg-landschaft gelegene Schloss. Der Text erzählt die Geschichte des Schlosses, berichtet über seine Umwandlungen, Umbauten sowie über markante Persönlichkeiten, die hier einst lebten. Das Schloss ist für Besucher ganzjährig zugänglich.

LAUMANN DRUCK & VERLAG · DÜLMEN/WESTFALEN
Postfach 14 61 · D-48235 Dülmen
Telefon 0 2594 / 94 34-0 (nachts Anrufbeantworter) · Telefax 0 2594 / 94 34 70
E-Mail: info@laumann-verlag.de · Internet: www.laumann-verlag.de

Blick von der Ulica Eugeniusza Gepperta
(ehem. Schlossstraße) auf die Südseite der Ulica Kazimierza
Wielkiego mit dem Königsschloss und der Kirche
der Göttlichen Vorsehung. Fot. Krystyna Gorazdowska (?),
1945 [SM]

Blick auf die Kirche der Göttlichen Vorsehung
von Nordwesten. Fot. Marian Idziński, 1945 [ONB]

Ulica Kazimierza Wielkiego (ehem. Karlstraße), Fragment
der südlichen Straßenseite zwischen den Straßen Zamkowa
und Krupnicza (ehem. Graupenstraße)

Zerstörter südöstlicher Teil der Altstadt mit dem Rynek (Großer Ring) und dem Plac Solny (links, ehem. Salzmarkt).
Luftaufnahme, 1947 [ZMA]

Altstadt aus der Vogelperspektive: Blick Richtung Nordosten mit dem Plac Wolności (ehem. Schlossplatz – unten rechts) sowie dem Rynek (Großer Ring) und der Magdalenenkirche (oben), 2009

Blick vom Großen Ring in die Ulica Oławska hinein (ehem. Ohlauer Straße). Links: das ehemalige Kaufhaus *Zur Goldenen Krone*.
Fot. Krystyna Gorazdowska, 1946 [SM]

Ulica Oławska, Blick vom Großen Ring ostwärts

Ehemaliges Kaufhaus Rudolf Petersdorffs an der Kreuzung der Straßen Oławska und Szewska (ehem. Ohlauer Straße und Schuhbrücke). Fot. Krystyna Gorazdowska, 1946 [SM]

Das Kaufhaus *Kameleon* an der Kreuzung der Straßen Oławska und Szewska

Ulica Szewska (ehem. Schuhbrücke) Richtung Ulica Wita Stwosza (ehem. Albrechtstraße), rechts – Ruine der Magdalenenkirche. Fot. Krystyna Gorazdowska, 1945 [AM]

Ulica Łaciarska (ehem. Altbüßerstraße) Richtung Norden. Fot. Krystyna Gorazdowska, 1945 [AM]

Seite 69:
Ulica Szewska

Nördlicher Teil der Ulica Łaciarska mit der Ursulinenkirche und dem Ursulinenkloster St. Klara und St. Hedwig im Hintergrund

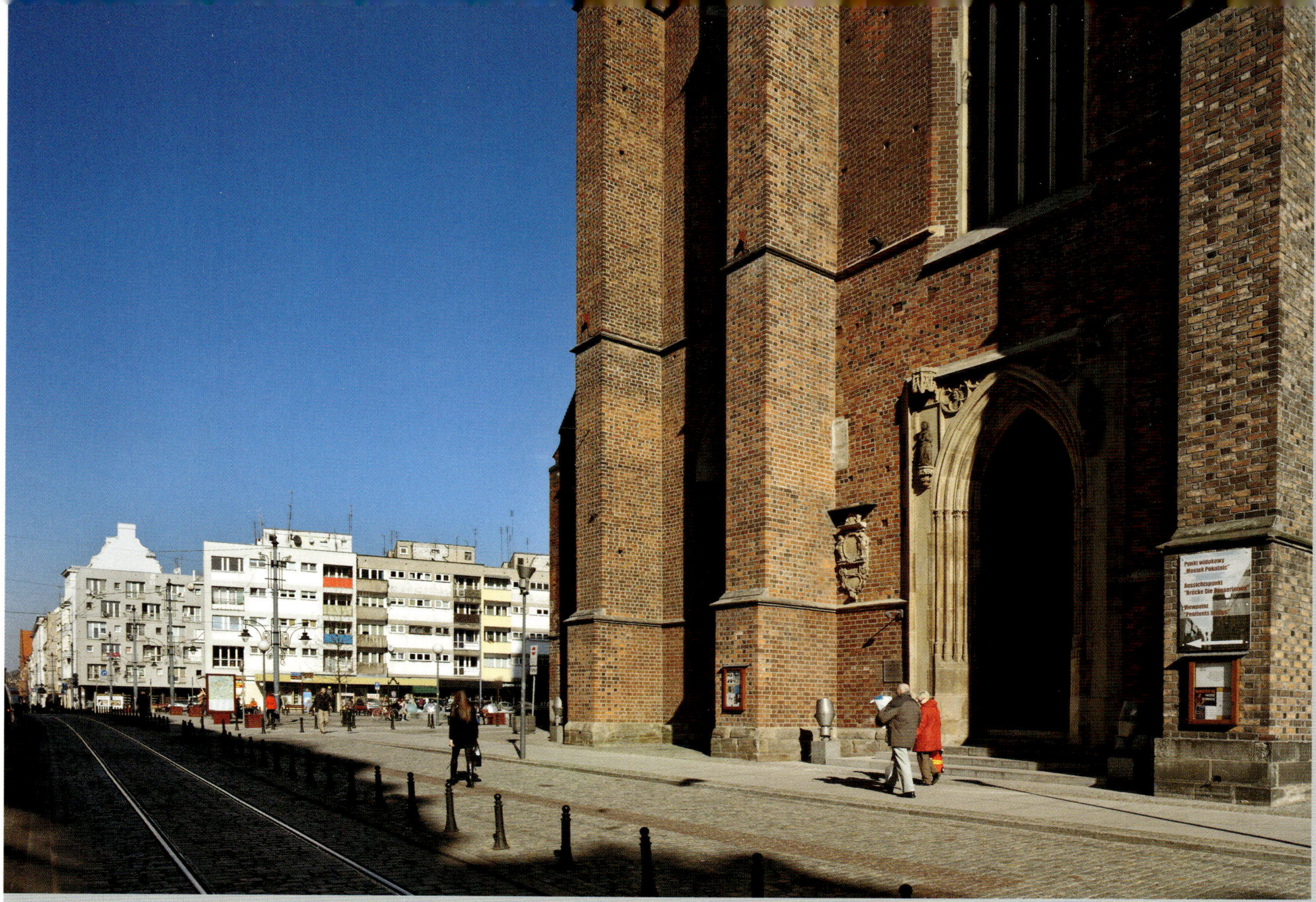

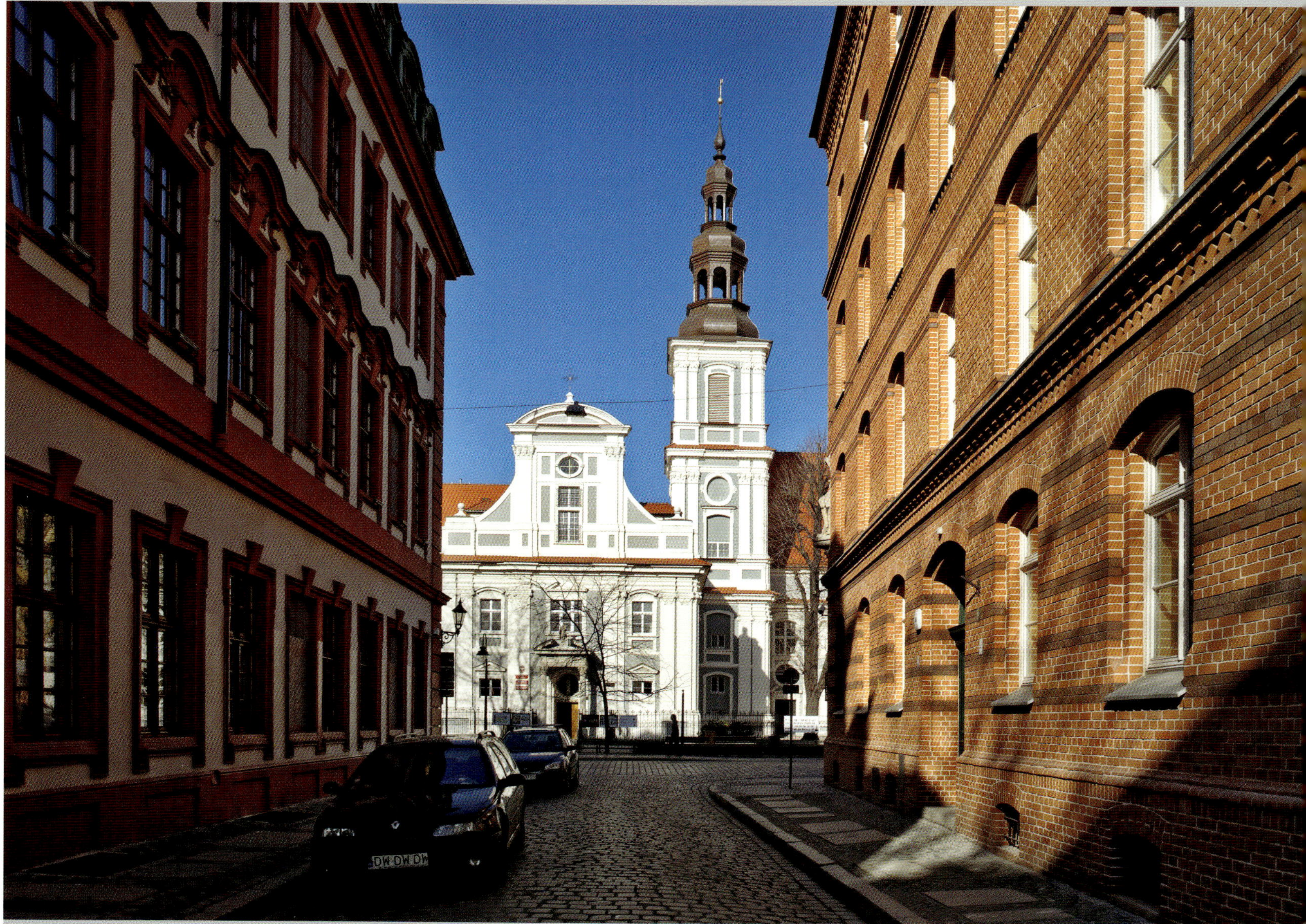

Ulica Oławska (ehem. Ohlauer Straße) – Blick vom Stadtgraben Richtung Westen, rechts: Gebäude der ehemaligen Kaserne *Am Ohlauer Tor*. Fot. Krystyna Gorazdowska, 1946 [SM]

Ulica Oławska am Plac św. Krzysztofa (ehem. Christophoriplatz); Blick Richtung Großer Ring. Fot. Krystyna Gorazdowska (?), 1945 [SM]

Blick von der Ulica Ofiar Oświęcimskich (ehem. Junkernstraße) auf die Ulica Oławska mit der Mündung der heute nicht mehr bestehenden Kätzelohle. Fot. Krystyna Gorazdowska (?), 1945 [SM]

Einkaufsgalerie *Dominikańska*, Blick von der Ulica Oławska

72

Seite 72:
St. Christophorikirche, Blick von Nordosten.
Fot. Krystyna Gorazdowska, 24.04.1948 [AM]

Das Innere der St. Christophorikirche,
Unbekannter Fotograf, um 1946 [ONB]

St. Christophorikirche, ihr Inneres
und Blick von Südosten

Das Innere der zerstörten St. Adalbertkirche. Fot. Krystyna Gorazdowska, 1945 [AM]

St. Adalbertkirche, Blick Richtung Presbyterium

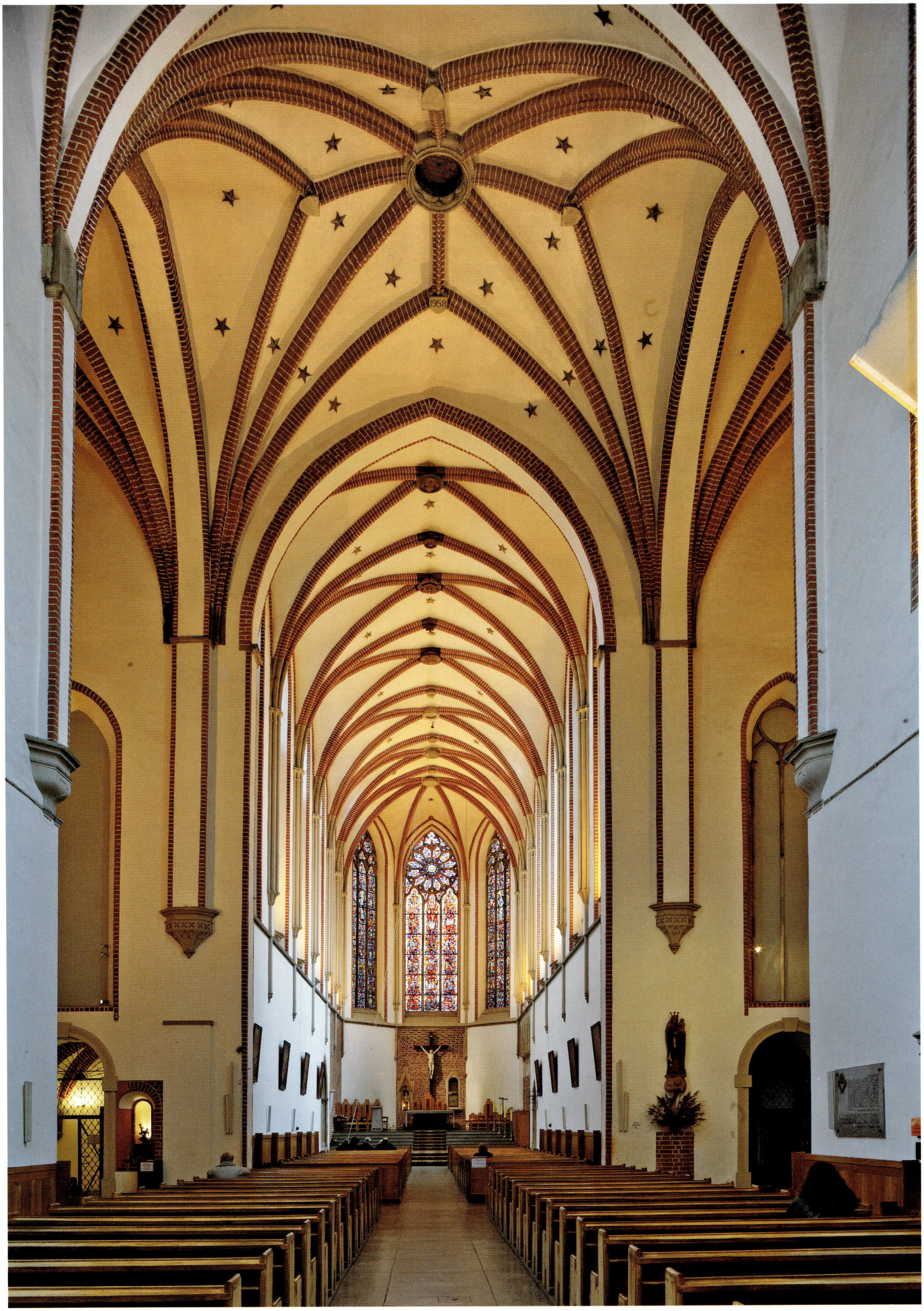

76

Seite 76:
Die Halle der Getreidebörse an der heute nicht mehr vorhandenen Altbüßerohle. Heute: Ulica Kazimierza Wielkiego am Plac św. Krzysztofa (ehem. Karlstraße und Christophoriplatz). Fot. Krystyna Gorazdowska (?), 1945 [SM]

Ulica Kazimierza Wielkiego Richtung Westen, rechts: Ulica Ofiar Oświęcimskich (ehem. Junkernstraße)

Ehemaliges Hauptpostgebäude in der Ulica bł. Czesława (ehem. Poststraße). Fot. Krystyna Gorazdowska, 1945 [AM]

Apartmenthaus *Justin Center* zwischen den Straßen Krawiecka und bł. Czesława (ehem. Mäntler- und Poststraße), Blick von Nordosten

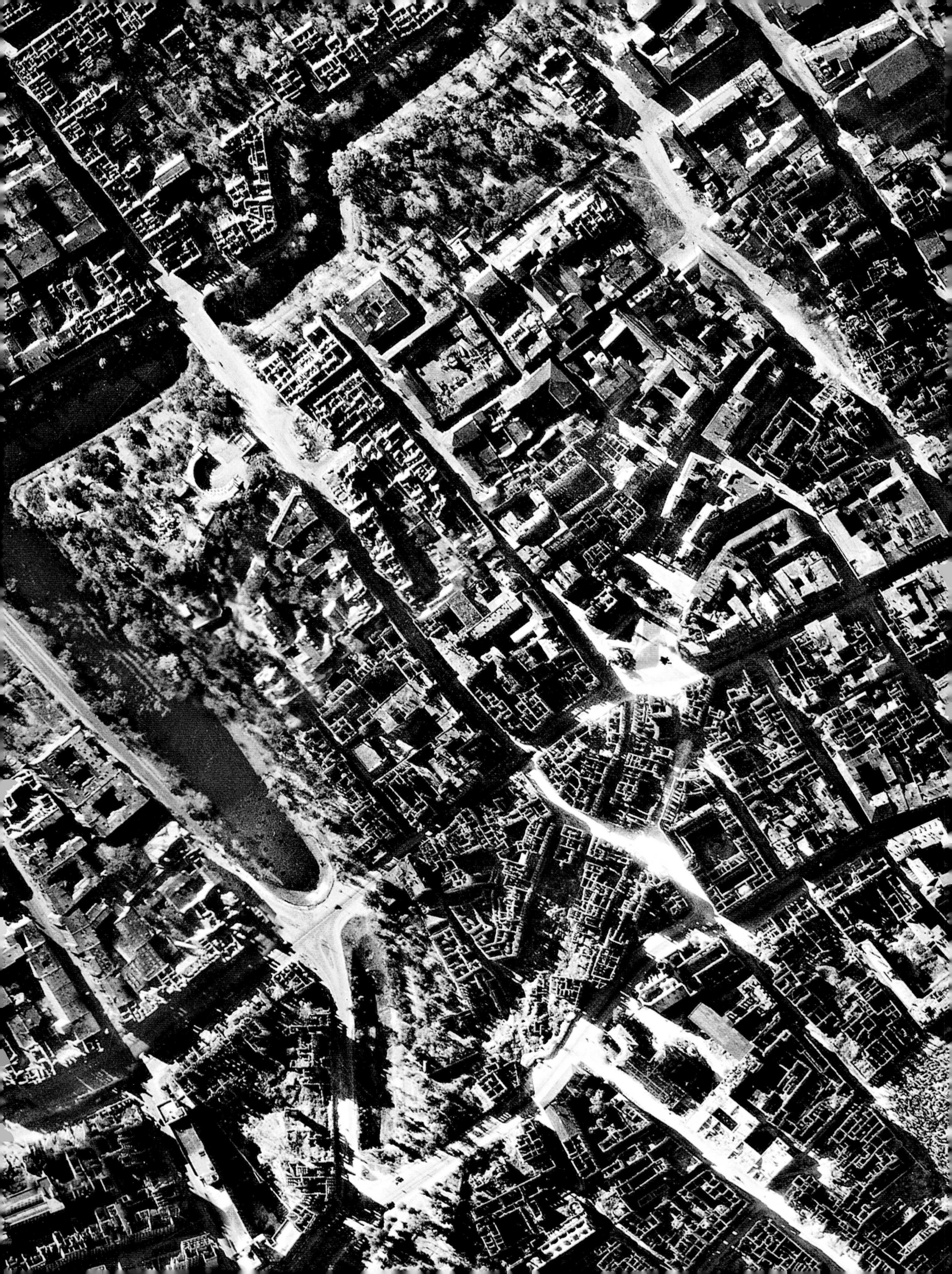

Seite 78:
Teil der Altstadt mit dem südöstlichen Fragment
des Stadtgrabens. Luftaufnahme, 1947 [ZMA]

Altstadt aus der Vogelperspektive: Blick Richtung Südwesten
auf die Altstadt mit dem Plac Dominikański (ehem. Dominikanerplatz)
und der Galeria *Dominikańska* im Vordergrund, 2009

Blick von der Aleja Juliusza Słowackiego (Am Ohlau Ufer) auf die zerstörte Kirche St. Bernhardin von Siena in der Ulica Bernardyńska (ehem. Kirchstraße). Fot. Krystyna Gorazdowska, 1945 [SM]

Kreuzgang im Bernhardinerkloster, dem heutigen Architekturmuseum Breslau. Fot. Krystyna Gorazdowska, 28.02.1949 [AM]

Breslauer Architekturmuseum in der ehemaligen Bernhardinerkirche und Kloster der Bernhardiner. Südansicht

Breslauer Architekturmuseum, Ausstellung in den ehemaligen Kreuzgängen

Ulica Jana Ewangelisty Purkyniego (ehem. Breitestraße), Blick von der Kreuzung mit der Ulica Bernardyńska ostwärts. Unbekannter Fotograf, 1945 [SM]
Ulica Jana Ewangelisty Purkyniego zwischen der Ulica Andrzeja Frycza-Modrzewskiego (ehem. Seminargasse) und dem Plac Powstańców Warszawy (ehem. Lessingplatz)

Ehemaliger Sitz der Provinzialverwaltung – heutiges Nationalmuseum Breslau, Ostansicht. Unbekannter Fotograf, 1945 [ONB]

Nationalmuseum Breslau

Blick auf den Nowy Targ (Mitte, ehem. Neumarkt) und einen Teil der Sandinsel (oben links). Luftaufnahme, 1947 [ZMA]

Nowy Targ aus der Vogelperspektive, Blick Richtung Nordosten, 2009

Die Südseite vom Nowy Targ – dem ehemaligen Neumarkt. Im Hintergrund: Ulica Kotlarska (ehem. Kupferschmiedegasse) und der Turm der St. Elisabethkirche. Fot. Krystyna Gorazdowska, 1945 [SM]
Die südöstliche Ecke des Neumarkts mit der Mündung der Straßen Jana Ewangelisty Purkyniego und św. Katarzyny (ehem. Breitestraße und Katharinenstraße). Fot. Krystyna Gorazdowska, 1945 [SM]

Neumarkt. Südseite mit dem Sitz des Breslauer Stadtamts

Südöstliche Ecke des Neumarkts mit dem Sitz des Breslauer Stadtamts (rechts)

Plac Biskupa Nankiera (ehem. Ritterplatz) und die Kirche St. Vinzenz und Jakobus mit der vom Prämonstratenserabt Ferdinand Grafen von Hochberg gestifteten Kapelle. Fot. Rudolf Jagusch, 1945 [AM]

Südostansicht der Kirche St. Vinzenz und Jakobus

Das Innere der Hochbergkapelle

Clarenmühle auf den Inseln Słodowa und Bielarska (ehem. Vorderbleiche und Hinterbleiche), Blick vom Plac Józefa Bema (ehem. Gneisenauplatz). Fot. Krystyna Gorazdowska, 1946 [SM]

Westansicht der Młyńskie-Brücken (ehem. Gneisenaubrücke). Fot. Krystyna Gorazdowska (?), 1945 [SM]

Die Inseln Słodowa und Bielarska vom östlichen Oderufer

Młyńskie-Brücken und das Hotel Tumski auf der Mühleninsel

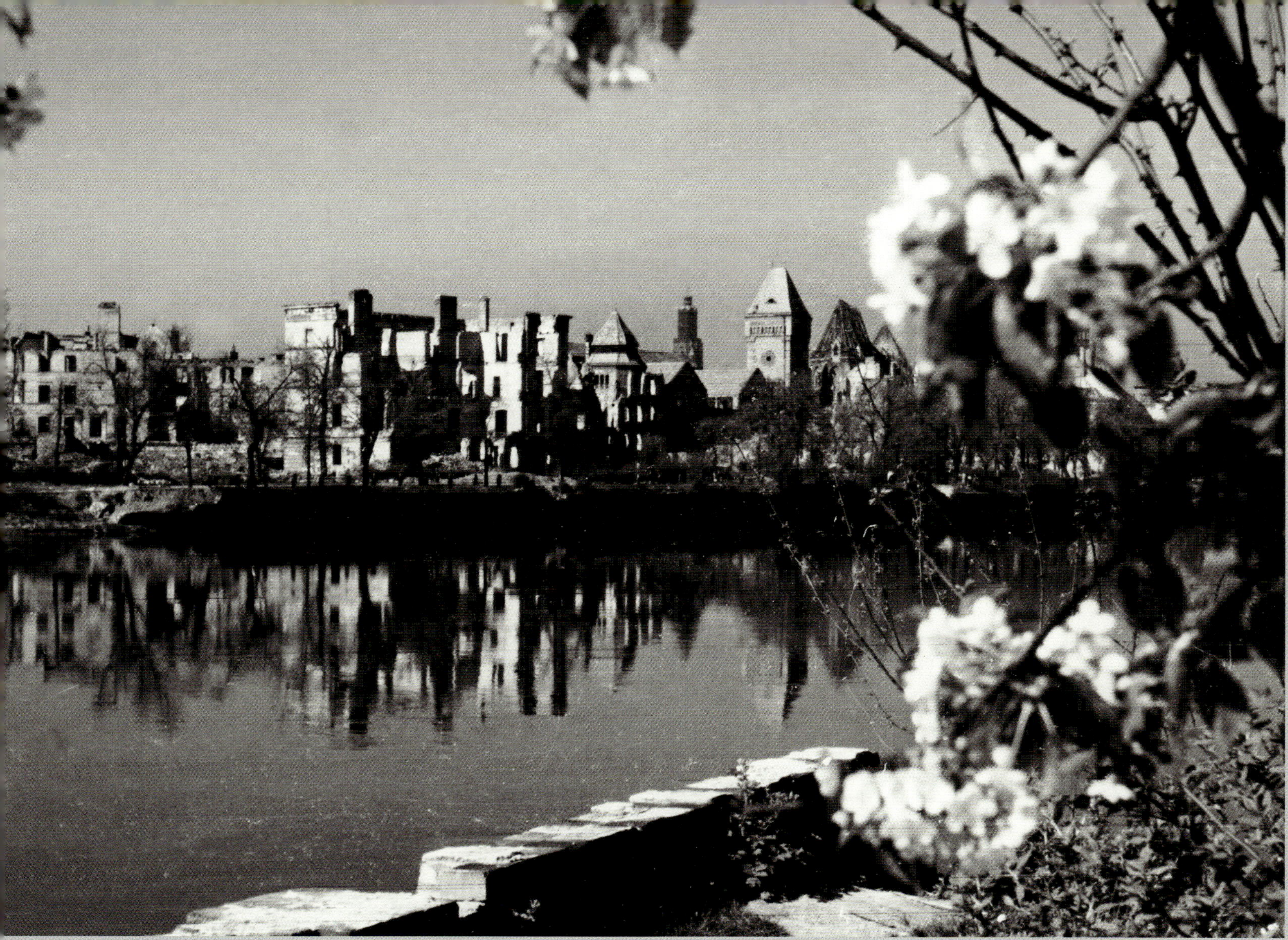

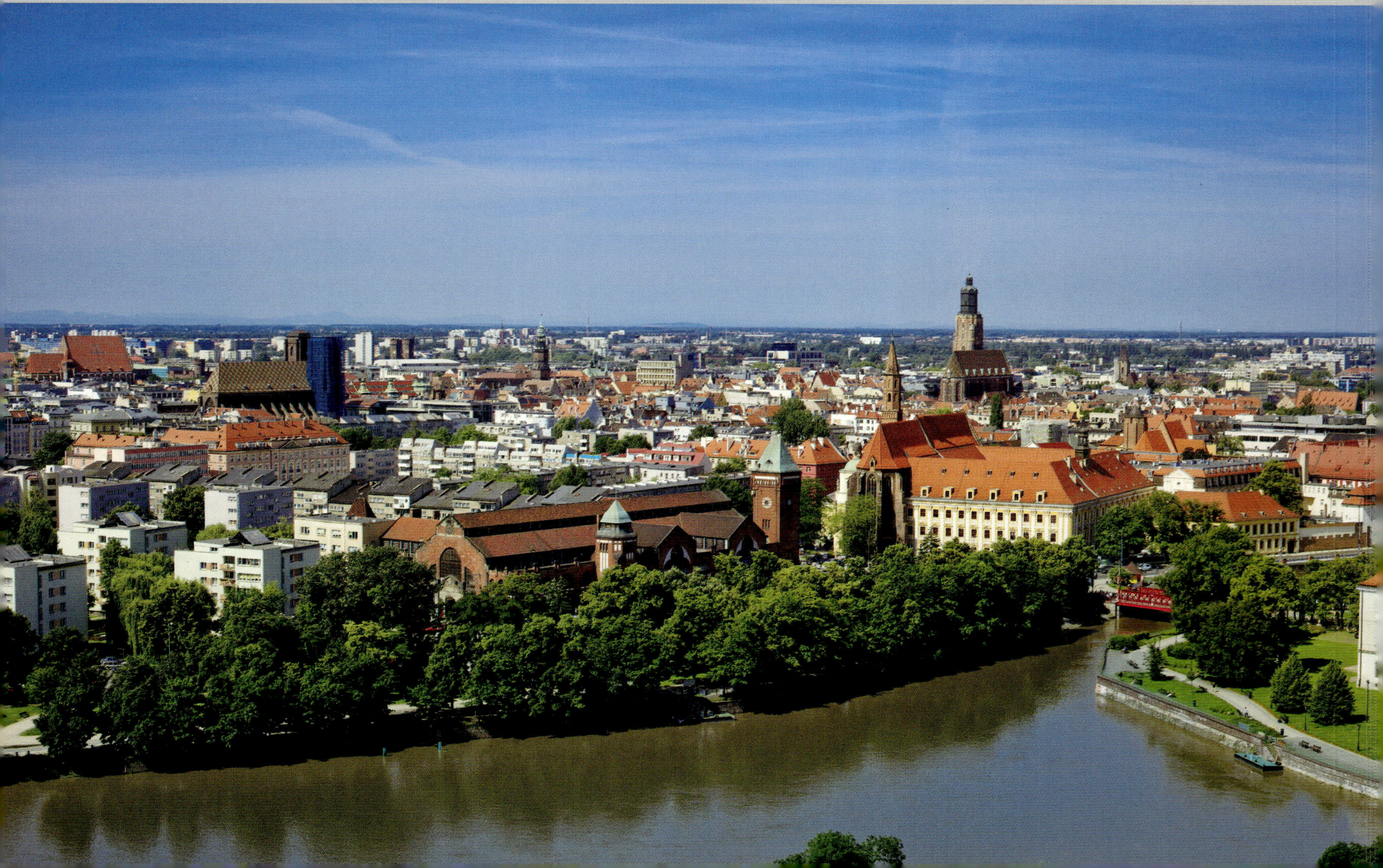

Seite 92:
Zerstörungen in der Ulica św. Ducha
(ehem. Heiligegeiststraße)
und die Markthalle – Blick
vom anderen Oderufer. Unbekannter
Fotograf, 1945 [SM]

Das Altstadtpanorama vom Turm
des Domes St. Johannes des Täufers

Kirche St. Mariä auf dem Sande
und das Gebäude
der Universitätsbibliothek
– Blick vom anderen Oderufer.
Fot. Jan Bułhak, 1948 [AM]

Universitätsbibliothek und die Kirche
St. Mariä auf dem Sande

Blick auf die Breslauer Oderinseln (Bielarska – ehem. Hinterbleiche, Słodowa – Vorderbleiche, Młyńska – Mühleninsel, Piaskowa – Sandinsel und Tamka – Matthiasinsel). Luftaufnahme, 1947 [ZMA]

Oderinseln aus der Vogelperspektive von Südwesten, 2009

Orthodoxe Kirche St. Kyrill, Methodius und Anna, Blick vom Südosten
Ehemalige St. Annakirche in der Ulica św. Jadwigi (ehem. Neue Sandstraße). Fot. Krystyna Gorazdowska, 10.10.1948 [AM]

Das Innere der St. Annakirche mit der am 11. Mai verbrannten Büchersammlung der Universitätsbibliothek auf dem Sande. Fot. Krystyna Gorazdowska (?), 1945 [AM]

Seite 97:
Orthodoxe Kirche St. Kyrill, Methodius und Anna: das Innere Richtung Westen

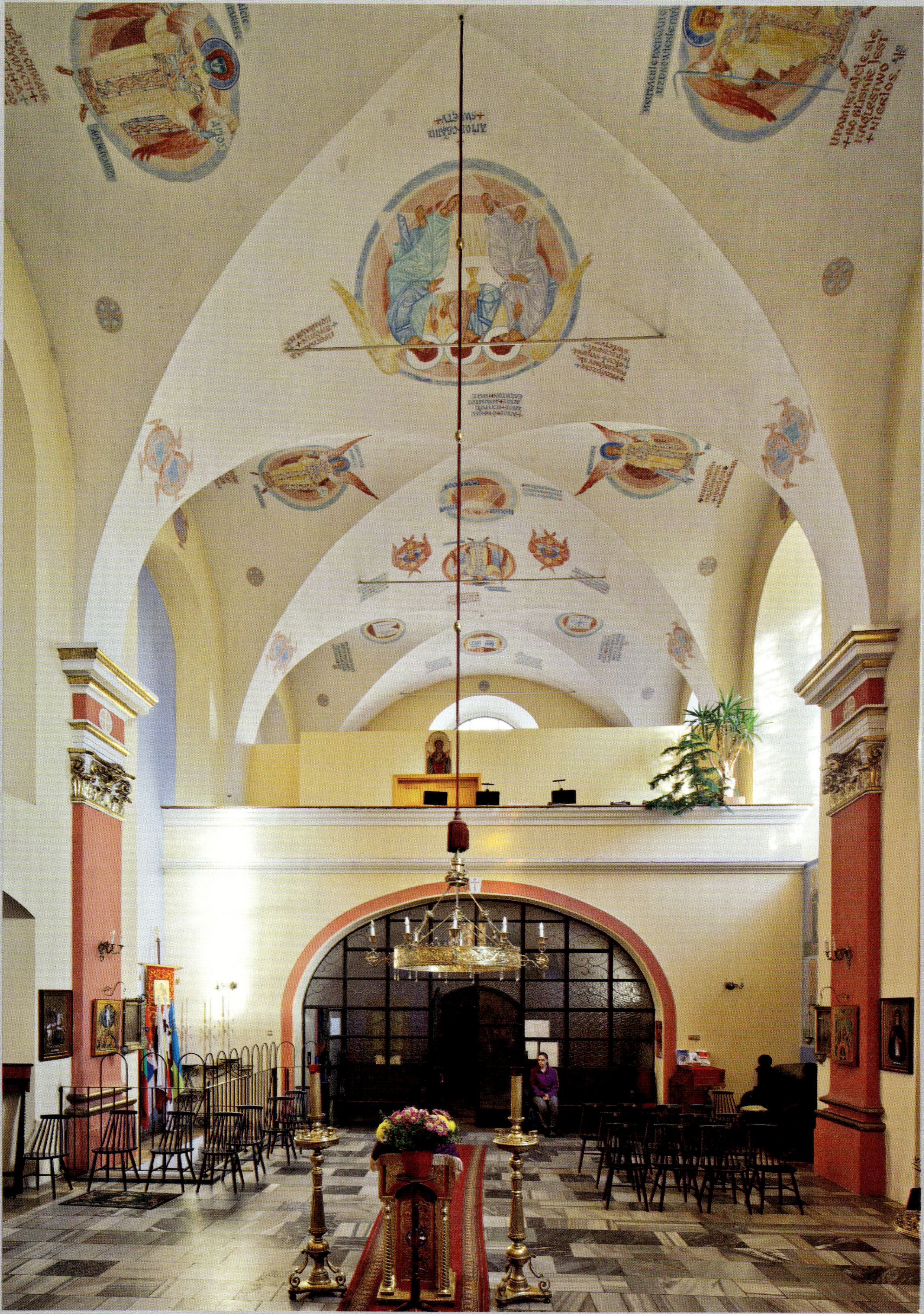

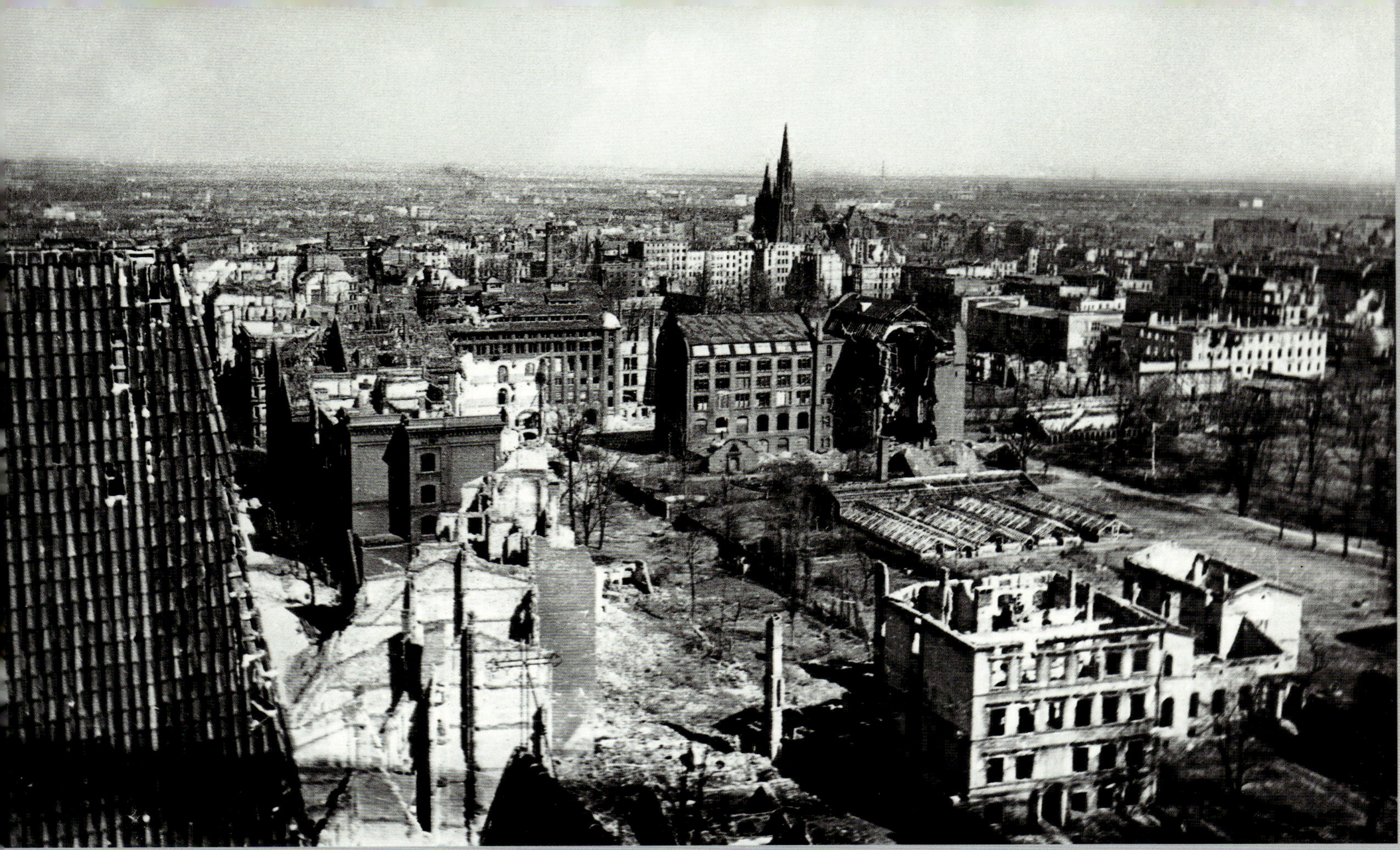

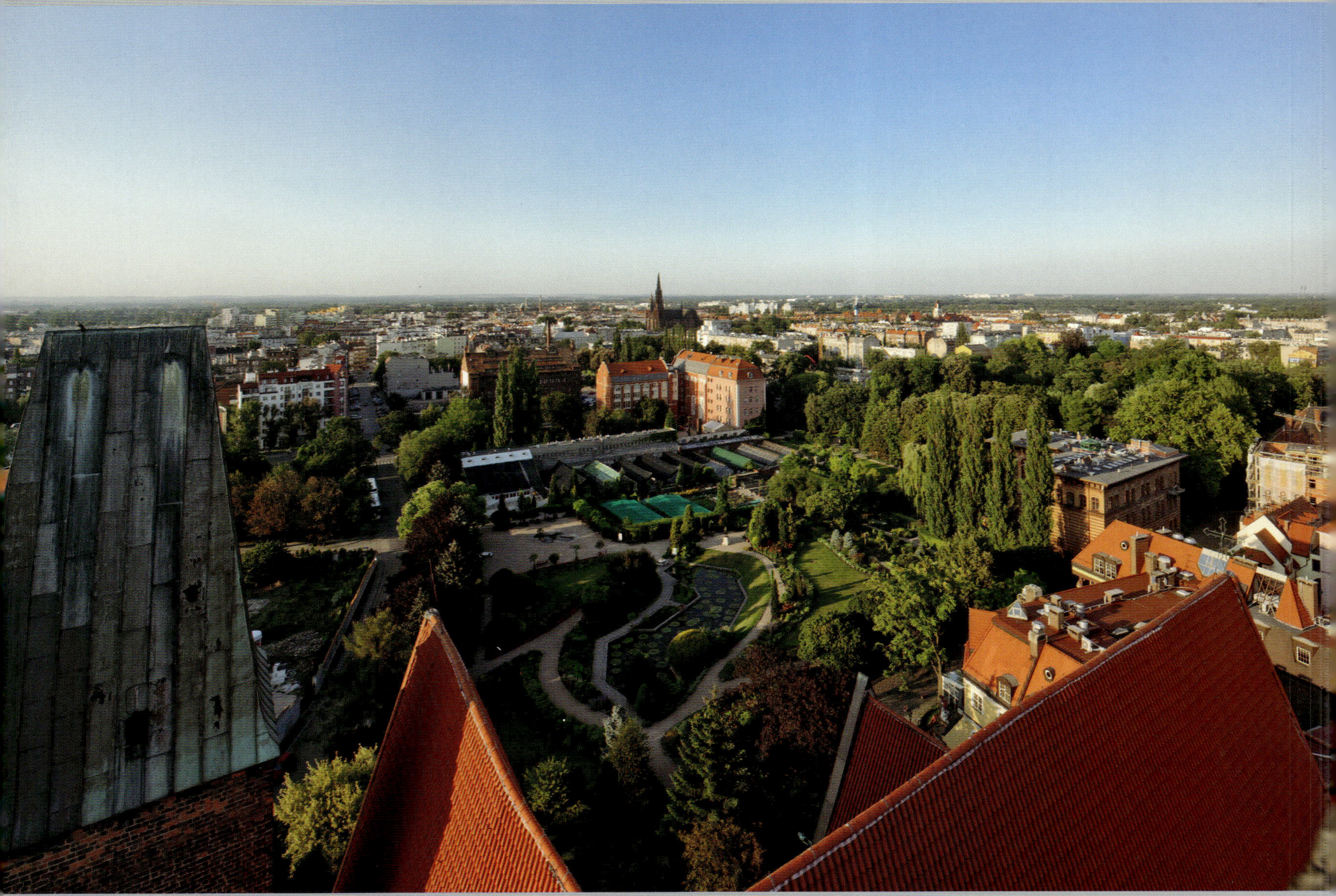

Seite 98:
Blick vom Turm der Kreuzkirche Richtung Nordosten.
Fot. Krystyna Gorazdowska (?), 1945 [SM]

Botanischer Garten der Breslauer Universität,
Blick vom Turm der Kreuzkirche

Kreuzkirche von Nordosten. Fot. Adam Czelny,
1947 [ONB]

Kreuzkirche, Blick vom Botanischen Garten

Orphanotropheum (ehem. Waisenhaus) in der Katedralna-Straße (ehem. Domstraße). Fot. Rudolf Jagusch, 1945 [SM]

Breslauer Erzdiözesanzentrum für Seelsorge in der Ulica Katedralna 4

Ulica Katedralna (ehem. Domstraße) Richtung Westen. Fot. Krystyna Gorazdowska (?), 1945 [SM]

Ulica Katedralna mit dem Turm der Kreuzkirche im Hintergrund

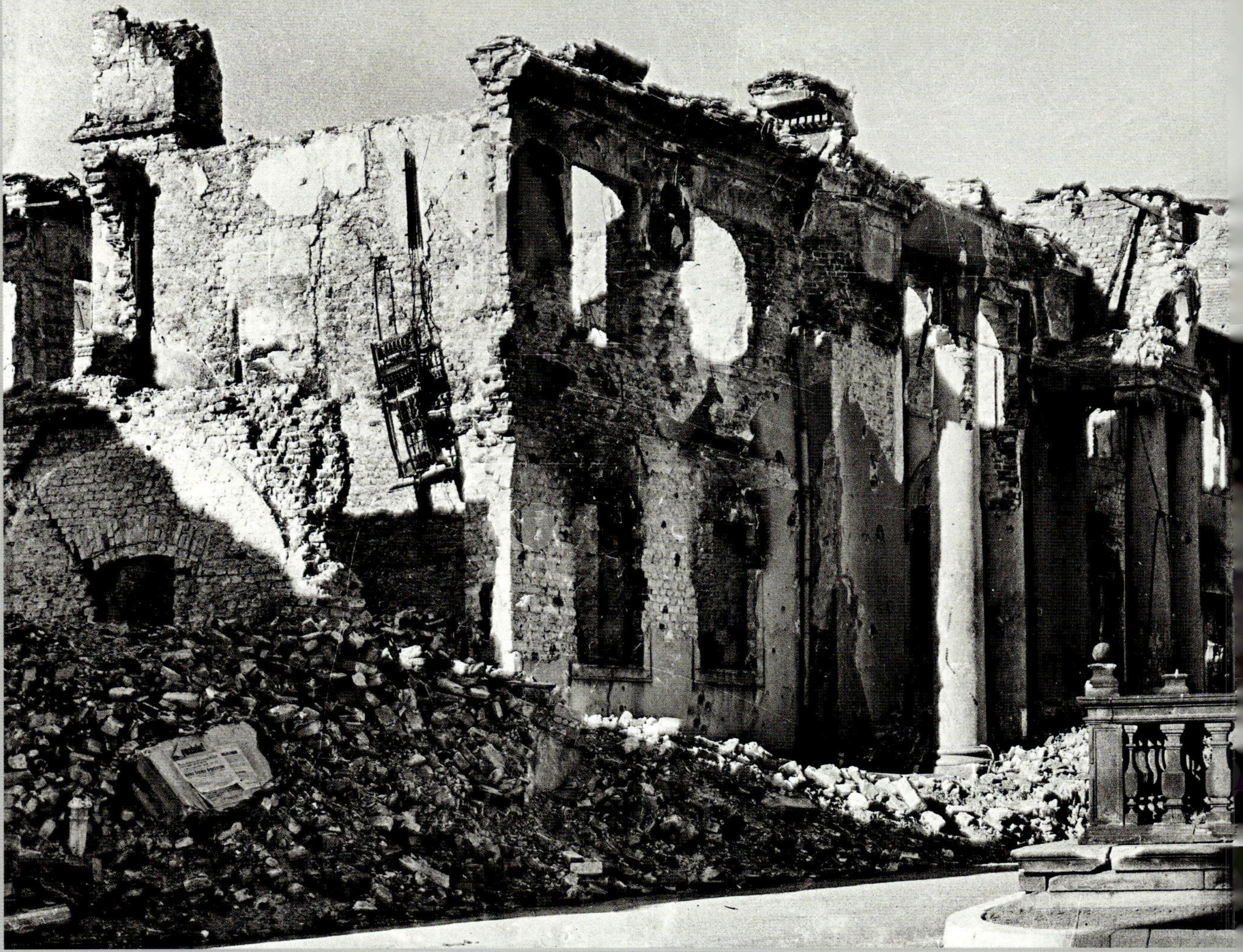

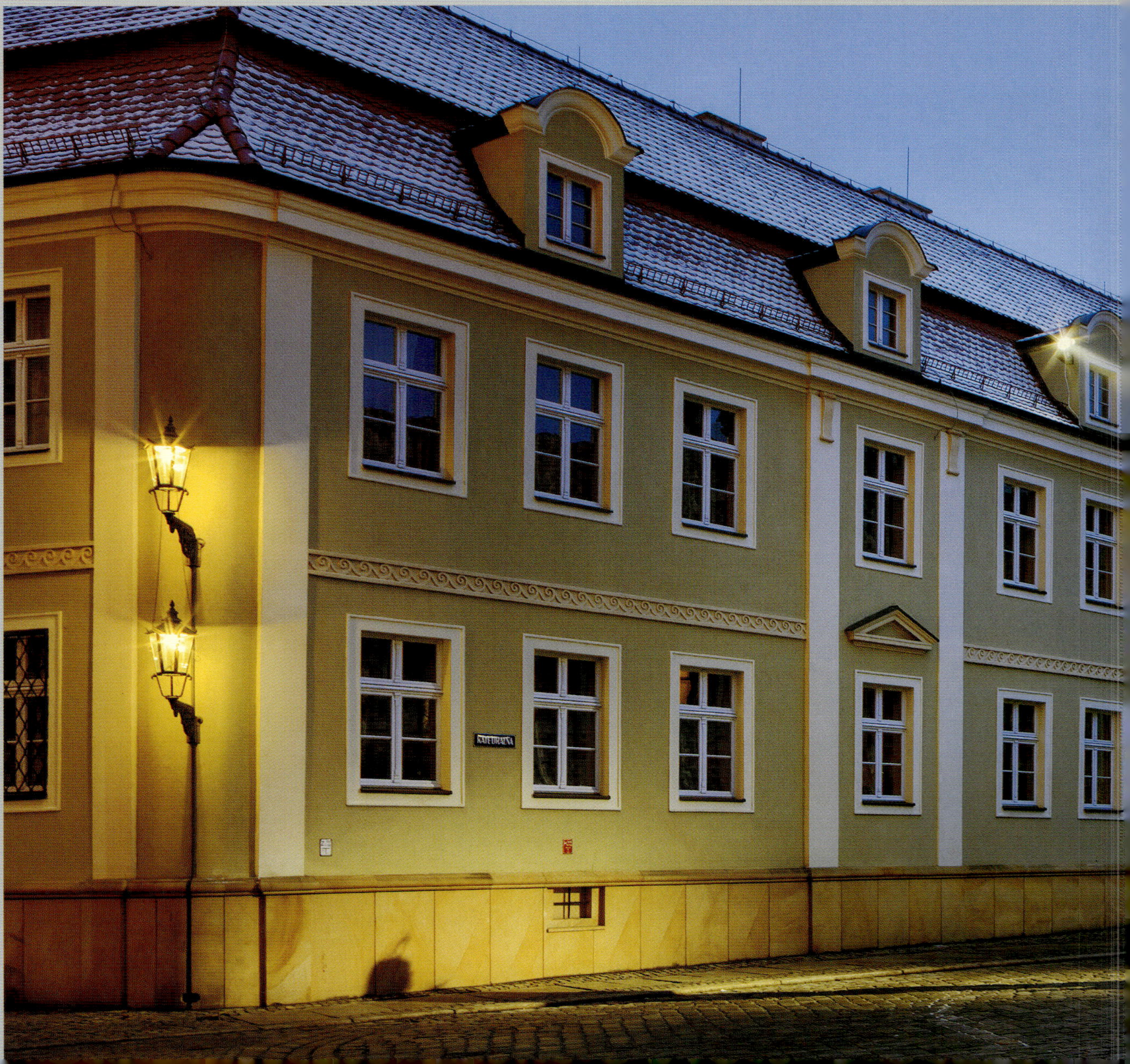

Ulica Katedralna (ehem. Domstraße) mit dem zerstörten Bischofspalast (links). Fot. Krystyna Gorazdowska (?), 1945 [SM]

Ulica Katedralna mit der Päpstlichen Theologischen Fakultät und der Metropolenkurie (beides links)

104

Seite 104:
Kriegszerstörungen auf der Dominsel.
Im Hintergrund: die Kathedrale
St. Johannes des Täufers.
Fot. Jan Bułhak, 1946 [AM]

Südansicht der Kathedrale
St. Johannes des Täufers.
Fot. Krystyna Gorazdowska (?),
1945 [SM]

Nächtliche Dominsel

Südansicht der Kathedrale
St. Johannes des Täufers

Das zerstörte Innere der Kathedrale St. Johannes des Täufers. Fot. Rudolf Jagusch, 1945 [SM]

Unten:
Südschiff der Kathedrale St. Johannes des Täufers. Fot. Krystyna Gorazdowska (?), 1945 [SM]

Hauptschiff der Kathedrale St. Johannes des Täufers, Blick Richtung Presbyterium. Fot. Krystyna Gorazdowska (?), 1945 [AM]

Seite 107:
Kathedrale St. Johannes des Täufers, Blick auf das Hauptschiff ostwärts

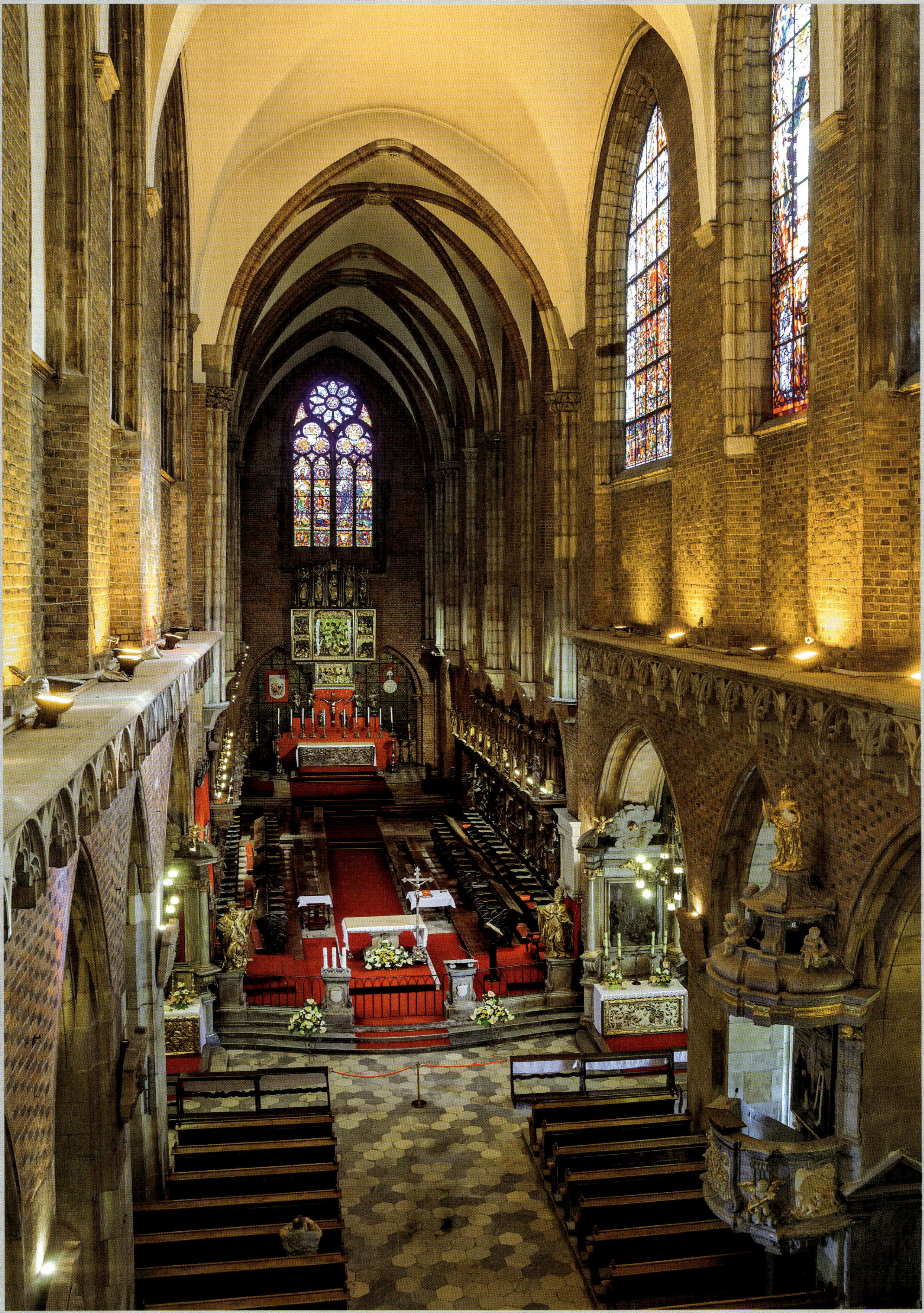

Zerstörte Gebäude des nördlichen Teils der Ohlauer Vorstadt zwischen den Brücken Oławski (unten, ehem. Mauritiusbrücke) und Grunwaldzki (ehem. Kaiserbrücke). Luftaufnahme, 1947 [ZMA]
Zerstörte Straßenblöcke in der Nähe des Postamts in der Ulica Zygmunta Krasińskiego (ehem. Feldstraße). Unbekannter Fotograf, 1945 [SM]

Mündung der Ohlau in die Oder aus der Vogelperspektive, unten die Plätze Walerego Wróblewskiego (links, ehem. Mauritiusplatz) und Grunwaldzki, 2009
Plac Walerego Wróblewskiego, Blick von der Ulica Romualda Traugutta (ehem. Klosterstraße) nordwärts. Unbekannter Fotograf, 1946 [SM]

Oławski-Brücke (ehem. Mauritiusbrücke) von Südosten und die zerstörten Häuser am Kai Juliusza Słowackiego (ehem. Am Ohlau Ufer). Fot. Adam Czelny, 1947 [SM]

Die Ohlau und die Oławski-Brücke, im Hintergrund: das Marschallamt der Woiwodschaft Niederschlesien am Kai Juliusza Słowackiego

Aleja Juliusza Słowackiego (Am Ohlau Ufer – heute ein Teil des Plac Powstańców Warszawy, des ehem. Lessingplatzes). Brennende Häuser an der Ecke der Ulica Kujawska (ehem. Gervestraße). Fot. Henryk Makarewicz, Mai 1945 [SM]

Die Grunwaldzki-Brücke (ehem. Kaiserbrücke) von Westen

112

Seite 112:
Grunwaldzki-Brücke (ehem. Kaiserbrücke), Blick von Osten. Fot. Krystyna Gorazdowska, 1946 [SM]

Grunwaldzki-Brücke

Die Gegend um den Plac Grunwaldzki (ehem. Kaiserstraße) aus der Vogelperspektive. Luftaufnahme, 1947. [ZMA]

Neue Gebäude der Breslauer Technischen Universität. Mitte: das Integrierte Studentenzentrum – im Volksmund „Schweizer Käse" genannt (Wybrzeże Stanisława Wyspiańskiego, ehem. Uferzeile). Unten: das sogenannte *Bibliotech* – das Wissenschaftliche Wissens- und Informationszentrum am Grunwaldzki-Platz

Abgerissene Gebäude entlang der Achse des heutigen Plac Grunwaldzki (ehem. Kaiserstraße), rechts unten die Grunwaldzki-Brücke (ehem. Kaiserbrücke). Luftaufnahme, 1947 [ZMA]

Plac Grunwaldzki aus der Vogelperspektive, Blick von Nordwesten, 2009

Ulica Fryderyka Joliot-Curie (ehem. Uferstraße) Richtung Ulica Kard. Stefana Wyszyńskiego (ehem. Adalbertstraße). Fot. Krystyna Gorazdowska (?), 1945 [AM]

Die Ulica Kard. Stefana Wyszyńskiego. Gebäude auf der westlichen Straßenseite zwischen den Straßen Kard. Augusta Hlonda und Kard. Bolesława Kominka (ehem. Pralatenweg und Scheitniger Straße). Fot. Krystyna Gorazdowska (?), 1945 [AM]

Gebäude in der Nähe der Friedensbrücke (Most Pokoju), Blick vom anderen Oderufer

Ulica Kard. Stefana Wyszyńskiego mit dem neuen Gebäude der Breslauer Universitätsbibliothek (links) und dem Niederschlesischen Woiwodschaftsamt im Hintergrund

Zoologischer Garten Breslau 1945. Unbekannter Fotograf [Zoo Breslau]

Das neue, polenweit erste *Afrikarium*, ausschließlich der Fauna Afrikas gewidmet

Wiederaufbau der Jahrhunderthalle (Hala Stulecia). Fot. Adam Czelny, 1947 [ONB]

Zerstörtes Terrassenrestaurant an der Jahrhunderthalle. Fot. Adam Czelny, 1947 [ONB]

Jahrhunderthalle im Szczytnicki-Park (ehem. Scheitniger Park), Luftaufnahme von Osten, 2012

Breslauer Kongresszentrum und das Restaurant *Pergola*

Ulica Legnicka am Plac Strzegomski (ehem. Frankfurter Straße / Friedrich-Wilhelmstraße und Striegauer Platz), Blick Richtung Osten. Fot. Krystyna Gorazdowska (?), 1945 [SM]

Ulica Strzegomska (ehem. Striegauer Straße) Richtung Plac Strzegomski mit dem Luftschutzbunker auf der linken Seite. Fot. Krystyna Gorazdowska (?), 1945 [AM]

Vorübergehender Sitz des Zeitgenössischen Kunstmuseums im ehemaligen Luftschutzbunker mit dem *Himmelfahrenden Zug* im Vordergrund (nach Entwurf von Andrzej Jarodzki)

Zerstörte Gebäude um den Strzegomski-Platz (ehem. Striegauer Platz) und entlang der Ulica Legnicka (ehem. Friedrich-Wilhelm-Straße und Frankfurter Straße) mit dem Luftschutzbunker und der Ruine der St. Pauluskirche (oben). Luftaufnahme, 1947 [ZMA]

Zerstörte St. Pauluskirche in der Ulica Legnicka. Fot. Krystyna Gorazdowska (?), 1945 [AM]

Ulica Legnicka aus der Vogelperspektive vom Plac Strzegomski westwärts

Niederschlesiches Medizinisches Zentrum *Dolmed* in der Ulica Legnicka

Südseite der Ulica Józefa Piłsudskiego (ehem. Gartenstraße) zwischen den Straßen Świdnicka und Komandorska (ehem. Schweidnitzer Straße und Neudorfstraße). Fot. Krystyna Gorazdowska, 1946 [SM]

Bürohaus *Silver Tower Center* am Plac Konstytucji 3 Maja (ehem. Fontaneplatz), Blick von der Ulica Józefa Piłsudskiego

Denkmal des Anonymen Passanten – ein Werk von Jerzy Kalina an der Kreuzung der Straßen Świdnicka und Józefa Piłsudskiego mit dem Musiktheater *Capitol* im Hintergrund

Musiktheater *Capitol*, das Innere der Eingangshalle

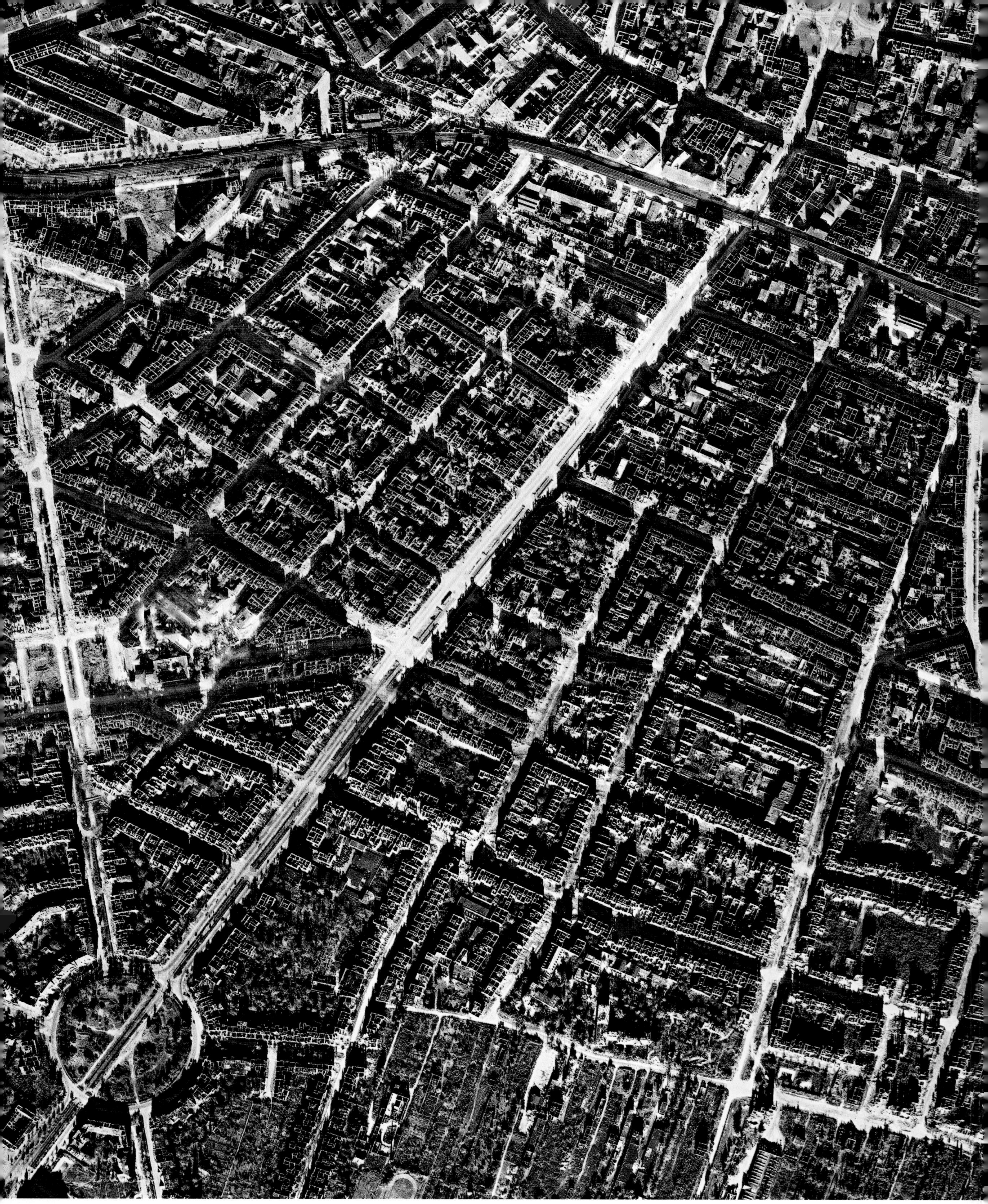

Seite 128:
Zerstörte Gebäude entlang der Straßenachse Powstańców Śląskich und Świdnicka (ehem. Kaiser-Wilhelm-Straße und Schweidnitzer Straße) vom Plac Powstańców Śląskich (im Süden, ehem. Hindenburgplatz) bis zum Plac Tadeusza Kościuszki (im Norden, ehem. Tauenzienplatz). Luftaufnahme, 1947 [ZMA]

Ulica Powstańców Śląskich und der gleichnamige Platz aus der Vogelperspektive, Blick Richtung Norden, 2011

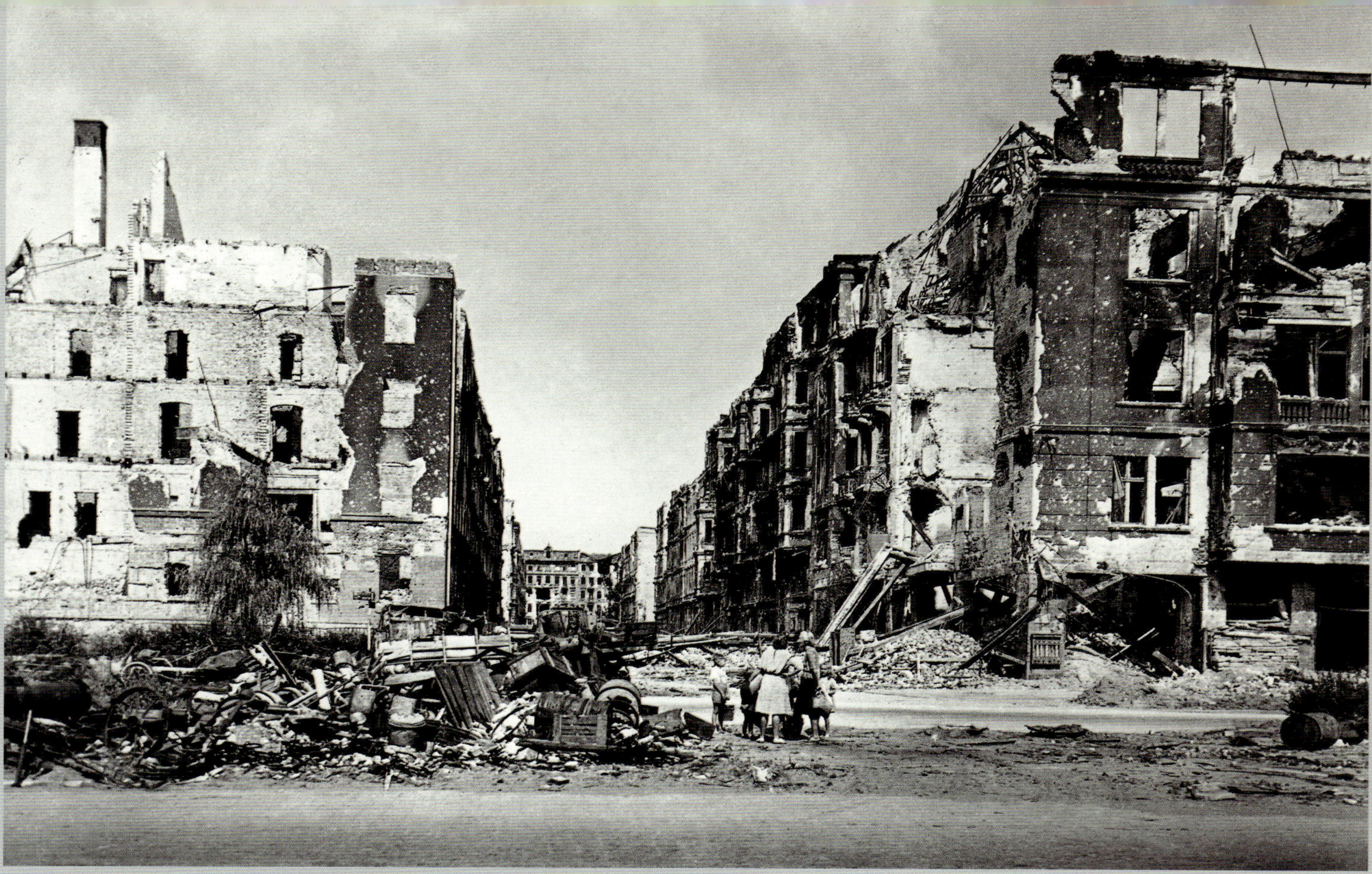

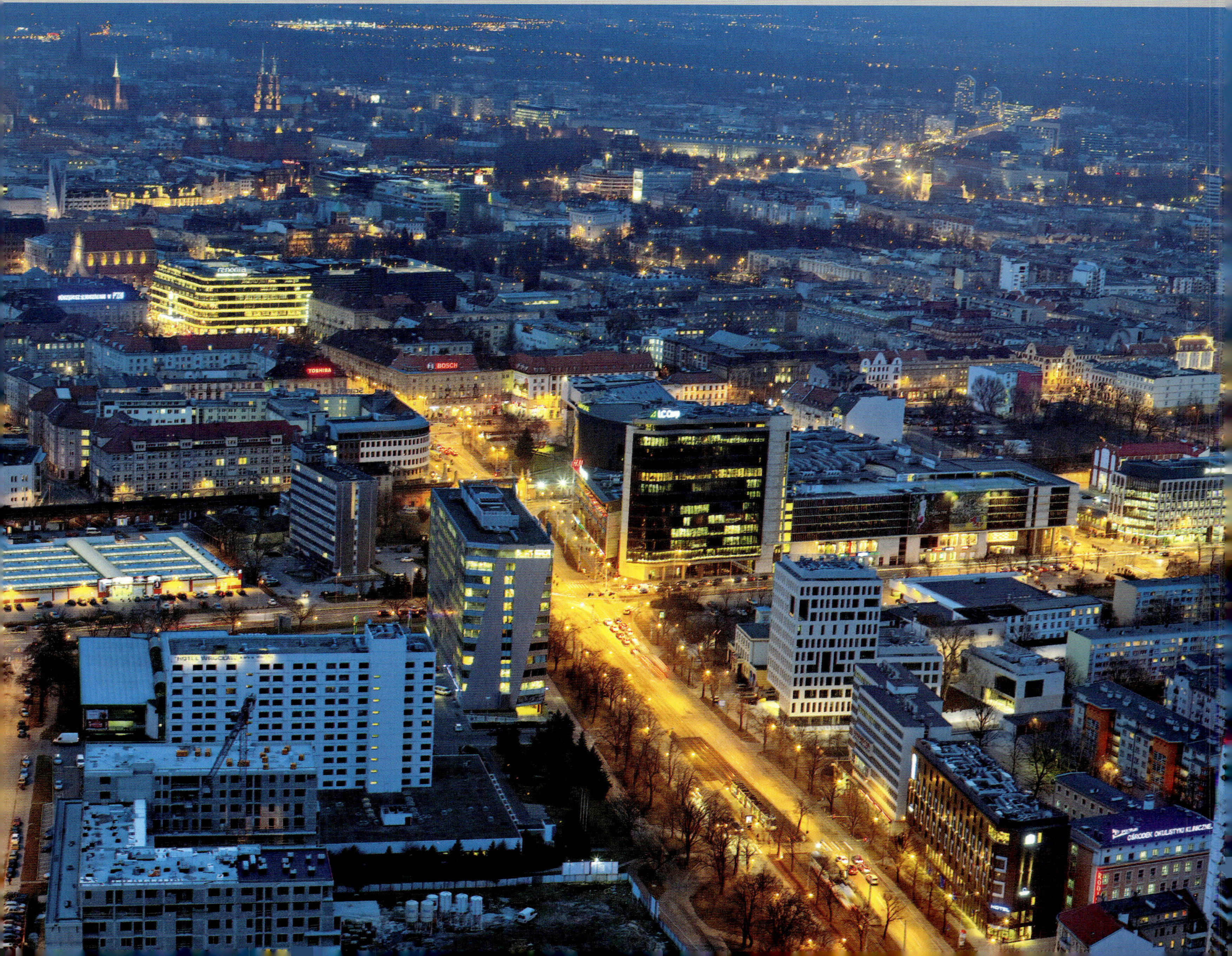

Ulica Powstańców Śląskich (ehem. Kaiser-Wilhelm-Straße) – Westmündung der nicht mehr vorhandenen Ulica Mała (ehem. Schillerstraße). Fot. Krystyna Gorazdowska (?), 1945 [SM]

Ulica Powstańców Śląskich an der Mündung der Ulica Lubuska (ehem. Brandenburger Straße; die heutige Lubuska mündet nicht mehr in die Ulica Powstańców Śląskich). Fot. Krystyna Gorazdowska (?), 1945 [SM]

Ulica Powstańców Śląskich Richtung Norden, Blick vom *Sky Tower*

Kreuzung der Straßen Powstańców Śląskich und Wielka (ehem. Goethestraße). Fot. Krystyna Gorazdowska (?), 1945 [SM]

Ulica Powstańców Śląskich Richtung Stadtzentrum – Kreuzung mit der Ulica Radosna (damals Lwowska und davor Viktoriastraße). Fot. Krystyna Gorazdowska (?), 1945 [SM]

Der *Sky Tower*, Blick von Süden

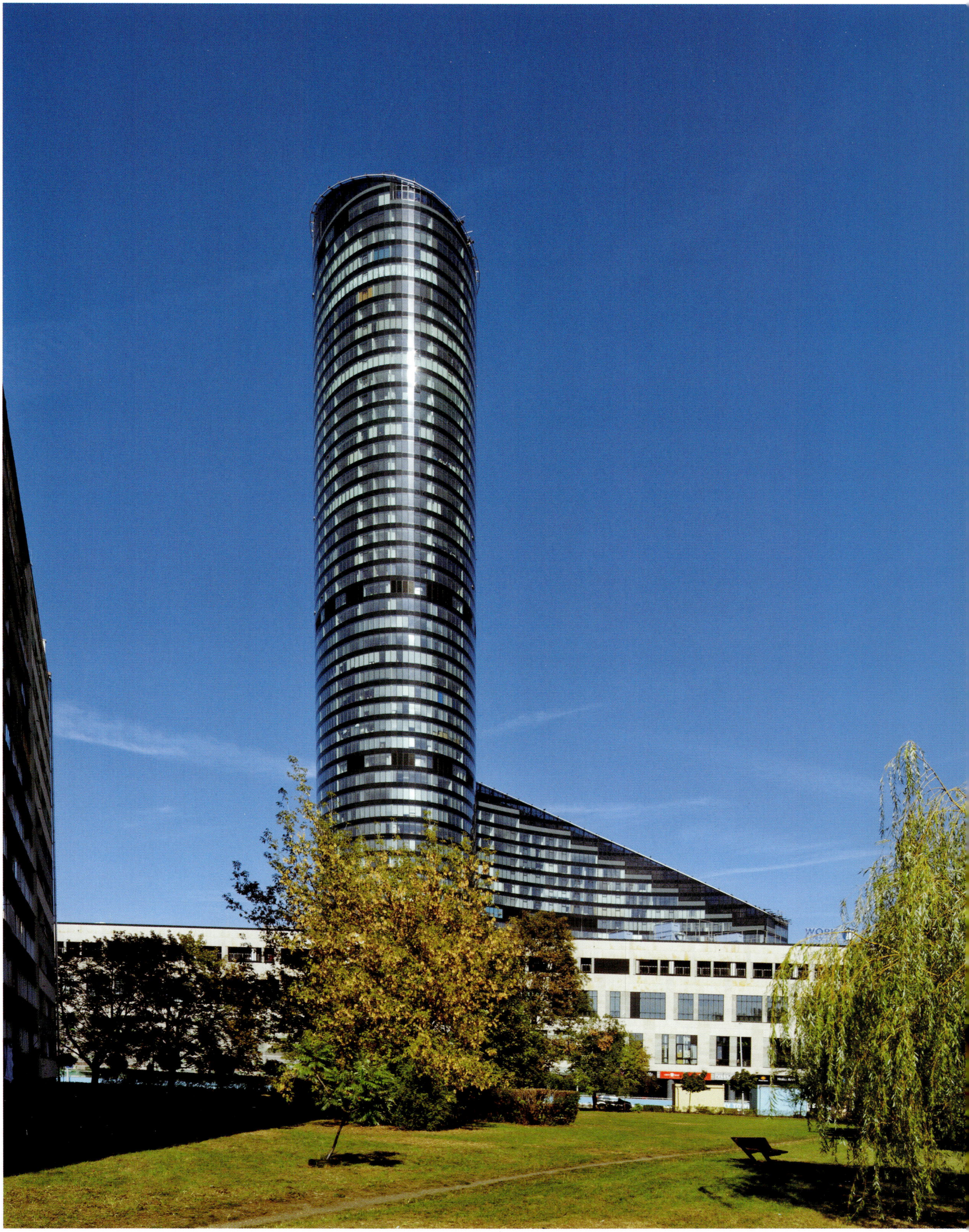

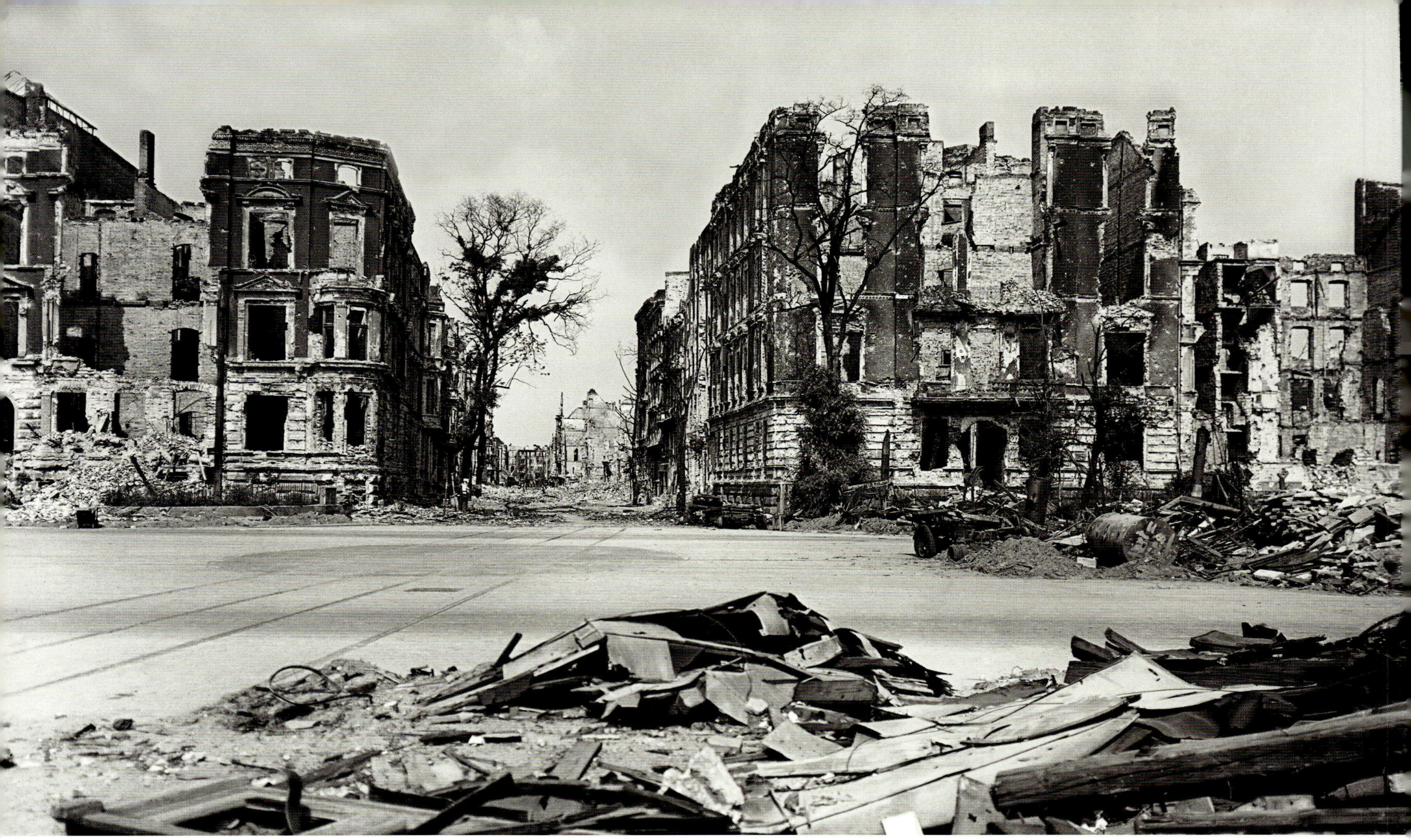

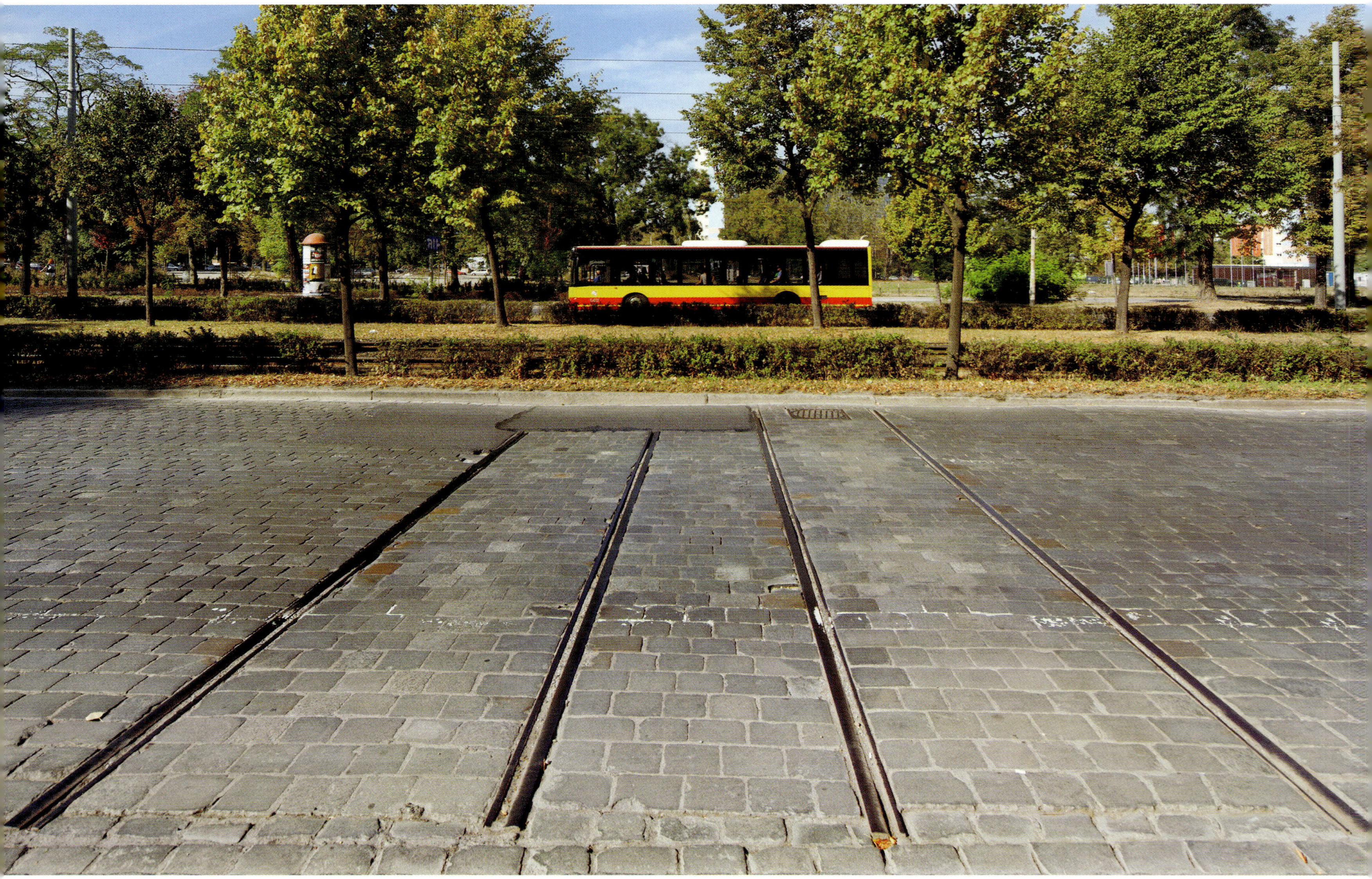

Seite 134:
Blick von der Ulica Powstańców Śląskich (ehem. Kaiser-Wilhelm-Straße) in die Lwowska hinein (ehem. Viktoriastraße) Richtung Zaporoska (ehem. Hohenzollernstraße); die heutige Lwowska ist kürzer und mündet nicht mehr in die Ulica Powstańców Śląskich. Fot. Krystyna Gorazdowska (?), 1945 [SM]

Unbefahrene Straßenbahngleise quer zur Ulica Powstańców Śląskich, Überbleibsel der Ulica Lwowska

Ulica Trwała (ehem. Körnerstraße), heute zu siebzig Prozent nicht mehr bestehend. Fot. Krystyna Gorazdowska, 1946 [SM]

Zerstörte Mietshäuser in der Ulica Ślężna (ehem. Lohestraße). Fot. Włodzimierz Kałdowski, 1946 [SM]

Établissement *Friebeberg* (Restaurant, Konzertsaal und Garten gegründet von August Friebe) am Plac Powstańców Śląskich (ehem. Hindenburgplatz). Fot. Krystyna Gorazdowska, 1946 [SM]

Apartmenthaus *Rondo Verona* am Plac Powstańców Śląskich

Zerstörte Gebäude an der nordöstlichen Ecke des Plac Powstańców Śląskich (ehem. Hindenburgplatz) zwischen den Straßen Kamienna und Powstańców Śląskich (ehem. Steinstraße und Kaiser-Wilhelm-Straße). Unbekannter Fotograf, 1945 [AM]

Blick vom *Sky Tower* auf den Plac Powstańców Śląskich

Ostseite der Ulica Sudecka (ehem. Hohenzollernstraße), Blick von der Ulica Sztabowa (ehem. Menzelstraße) Richtung Plac Powstańców Śląskich (ehem. Hindenburgplatz). Fot. Krystyna Gorazdowska, 1946 [SM]

Ulica Sudecka zwischen der Aleja Wiśniowa (ehem. Kirschallee) und Ulica Sztabowa. Im Vordergrund – das Eisenbahnerkrankenhaus, im Hintergrund – die St. Augustinkirche. Fot. Krystyna Gorazdowska, 1946 [MM]

Ulica Sudecka, Blick Richtung Plac Powstańców Śląskich

Eisenbahnerkrankenhaus in der Ulica Sudecka mit der St. Augustinkirche im Hintergrund

Ulica Jastrzębia (ehem. Scharnhorststraße), Blick von der Ulica Powstańców Śląskich (ehem. Kaiser-Wilhelm-Straße) nordwärts.
Fot. Krystyna Gorazdowska (?), 1945 [AM]

Mündung der Ulica Jastrzębia in die Ulica Powstańców Śląskich

Kreuzung der Ulica Powstańców Śląskich mit den Alleen Gen. Józefa Hallera (links) und Wiśniowa (ehem. Kürassierstraße und Kirschallee). Fot. Kino-Foto-Fono Krasnogorsk, 1945 [SM]

Kreuzung der Ulica Powstańców Śląskich mit der Aleja Gen. Józefa Hallera, Blick Richtung Nordosten

Bibliographie

Ahlfen H. von, Niehoff H., *So kämpfte Breslau. Verteidigung und Untergang von Schlesiens Hauptstadt*, Stuttgart 1960

Becker R.O., *Niederschlesien 1945. Die Flucht – Die Besetzung*, Bad Nauheim 1965

Buchholz A., *Z oblężonego Wrocławia*, "Odra", 5,6,7/8: 1977; umfangreiche Fragmente der "Chronik des St. Georgs-Krankenkauses über die Belagerung Breslaus vom 18. Januar bis zum 6. Mai 1945", deren autorisierte Maschinenschrift sich im Diözesanmuseum in Wrocław befindet, ins Polnische übersetzt von E. Tomiczek

Bukowski M., *Wrocław z lat 1945–1952. Zniszczenia i dzieło odbudowy*, Warszawa–Wrocław 1985

Festung Breslau 1945. Historia i pamięć, hrsg. von T. Głowiński (Material der wissenschaftlichen Konferenz an der Universität Breslau, 6. Mai 2008), Wrocław 2009

Festung Breslau 1945. Nieznany obraz, hrsg. von T. Głowiński, Wrocław 2013

Gleiss H., *Breslauer Apokalypse 1945. Dokumentarchronik von Todeskampf und Untergang einer deutschen Stadt und Festung am Ende des zweiten Weltkrieges*, Bd. 1–5, Wedel <Holstein> 1986

Grieger F., *Wie Breslau fiel....* Stuttgart–Metzingen 1948

Hargreaves R., *Hitler's Final Fortress – Breslau 1945*, Mechanicsburg 2011 (*Ostatnia twierdza Hitlera. Breslau 1945*, Poznań 2014)

Hartung H., *Der Himmel war unten*, Würzburg 1951 (*Gdy niebo zstąpiło pod ziemię*, Wrocław 2008)

Hartung H., *Schlesien 1944/45. Aufzeichnungen und Tagebücher*, München-Pasing 1956 (*Śląsk 1944/1945. Zapiski i pamiętniki*, Wrocław 2009)

Hornig E., *Breslau 1945. Erlebnisse in der eingeschlossenen Stadt*, Würzburg 1975 (*Breslau 1945. Wspomnienie z oblężonego miasta*, Wrocław 2009)

Jonca K., *Zburzenie miasta Wrocławia w 1945 roku w świetle nieznanych dokumentów*, "Studia Śląskie", Bd. 5: 1962

Jonca K., Konieczny A., *Festung Breslau. Dokumenty oblężenia 16.II–6.V.1945*, Warszawa–Wrocław 1962

Jonca K., Konieczny A., *Upadek "Festung Breslau". 15.11 – 6.V.1945*, Wrocław–Warszawa– Kraków 1963

Laßmann W., *Meine Erlebnisse in der Festung Breslau. Tagebuchaufzeichnungen eines Pfarrers*, Dresden 2012 (*Moje przeżycia w Festung Breslau. Z zapisków kapłana*, Wrocław 2013)

Majewski R., Sozańska T., *Bitwa o Wrocław*, Wrocław–Warszawa–Kraków–Gdańsk 1975

Małachowicz E., *Stare Miasto we Wrocławiu*, Warszawa–Wrocław 1985

Peikert P. *"Festung Breslau" in den Berichten eines Pfarrers. 22. Januar bis 6. Mai 1945*, herausgegeben von Karol Jonca und Alfred Konieczny. Ossolineum. Wrocław–Warszawa–Kraków–Gdańsk 1974; Das Typoskript der *Chronik* befindet sich im Erzdiözesanarchiv Breslau.

Smolak M., *Breslau 1945 – Zerstörung einer Stadt*, Wrocław 1995 (2. Ausgabe 1997)

Trudne dni. *Wrocław 1945 r. we wspomnieniach pionierów*, Bd. 1-3, Wrocław 1960/62

Verzeichnis der Breslauer Stadtteile, Straßen, Plätze, Gewässer und Inseln

Bema Józefa, Gen., Platz (Gneisenauplatz) 90
Bernardyńska, Straße (Kirchstraße) 82
Białoskórnicza, Straße (Weißgerberstraße) 40, 41
Bielarska, Insel (Hinterbleiche) 90, 91, 94
Biskupin, Stadtteil (Bischofswalde) 10
Borek, Stadtteil (Kleinburg) 14
Brochów, Stadtteil (Brockau) 8
Bujwida Odona, Straße (Auenstraße) 13
Cieszyńskiego Antoniego, Straße (Burgfeld) 38
Czerwony, Platz – siehe Solidarności, Platz (Wachtplatz)
Czesława, bł., Straße, (Poststraße, Kugelzippel) 77
Dąbrowskiego Henryka Jana, Gen., Straße (Vorverkstraße) 12
Dominikański, Platz (Dominikanerplatz) 13, 79
Ducha, św., Straße (Heiligegeiststraße) 93
Fosa Staromiejska, (Stadtgraben) 79
Frycza-Modrzewskiego Andrzeja, Straße (Seminarstraße) 82
Gajowicka, Straße (Gabitzstraße) 9
Gepperta Eugeniusza, Straße (Schloßstraße) 48, 61, 63
Gliniana, Straße (Lehmgrubenstraße) 14
Grabiszynek, Stadtteil (Leedeborn) 14
Grabiszyńska, Straße (Gräbchenerstraße) 14
Grunwaldzka, Straße (Fürstenstraße) 13
Grunwaldzki, Platz (Scheitniger Stern + Kaiserstraße) 13, 113–115
Hallera Józefa, Gen., Allee (Kürassierstraße) 141
Hirszfelda Ludwika, Platz (Seldteplatz, Höfchenplatz) 9
Hlonda Augusta, Kard., Straße (Pralatenweg) 116
Jadwigi św., Straße (Neue Sandstraße) 96
Jana Pawła II, Platz (Königsplatz) 8, 11, 13
Janickiego Klemensa, Straße (Weiße Ohle) 13
Jastrzębia, Straße (Scharnhorststraße) 9, 140
Jedności Narodowej, Straße (Matthiasstraße) 17
Joliot-Curie Fryderyka, Straße (Uferstraße) 116
Kaiserstraße, Straße (Grunwaldzki-Platz) 13
Kamienna, Straße (Steinstraße) 8, 9, 14, 137
Katarzyny, św., Straße (Katharinenstraße) 86
Katedralna, Straße, (Domstraße) 99, 100–102
Kätzelohle, Straße 71
Kazimierza Wielkiego, Straße (Karlstraße + Hummerei + Schloßohle + Altbüßerohle) 61, 63, 77
Klecina, Stadtteil (Klettendorf) 8
Kleczkowska, Straße (Kletschkaustraße) 10
Komandorska, Straße (Neudorfstraße) 126
Kominka Bolesława Kard., Straße (Scheitniger Straße) 116
Konstytucji 3 Maja, Platz (Fontaneplatz) 127
Kościuszki Tadeusza, Gen., Platz (Tauentzienplatz) 54
Kotlarska, Straße (Kupferschmiedestraße) 11, 17
Kozanów, Stadtteil (Kosel) 11, 17
Krakowska, Straße (Ofenerstraße) 9, 14
Krasińskiego Zygmunta, Straße (Feldstraße) 12, 108
Krawiecka, Straße (Mäntlergasse) 77
Krupnicza, Straße (Graupenstraße) 14, 56, 63

Krzyki, Stadtteil (Krietern) 8
Krzysztofa, św., Platz (Christophoriplatz) 70, 77
Kujawska, Straße (Garvestraße) 12, 111
Kuźnicza, Straße (Schmiedebrücke) 5, 23, 42–44
Kuźniki, Stadtteil (Schmiedefeld) 9, 11, 17
Legnicka, Straße (Friedrich-Wilhelm-Straße + Frankfurter Straße) 14, 122, 124, 125
Lubuska, Straße (Brandeburger Straße, Moritzstraße) 131
Lwowska, Straße (Teil der Viktoriastraße) 9, 132, 135
Łaciarska, Straße (Altbüßerstraße) 68
Łazienna, Straße (Engelsburg) 40
1 Maja, Platz – siehe Jana Pawła II, Platz
Mały Gądów, Stadtteil (Klein Gandau) 11, 13
Marcina, św., Straße (Martinistraße) 15
Mikołaja, św., Straße (Nikolaistraße) 40, 41
Młyńska, Insel (Mühleninsel) 91, 94
Modrzejewskiej Heleny, Straße (Agnes-Sormastraße) 46, 51
Muchobór, Stadtteil (Mochbern) 9
Muzealny, Platz (Museumplatz) 14
Nankiera Biskupa, Platz (Ritterplatz) 88
Nowy Dwór, Stadtteil (Maria Höfchen) 9, 11, 17
Nowy Świat, Straße (Neueweltgasse) 41
Nowy Targ, Platz (Neumarkt) 10, 12–14, 84–87
Odra, Fluss (Oder) 8, 9, 17, 93, 95, 109, 117
Ofiar Oświęcimskich, Straße (Junkernstraße) 46, 48, 61, 71, 77
Oława, Fluss (Ohlau) 109, 110
Oławska, Straße (Ohlauer Straße) 26, 27, 46, 66, 67, 70, 71
Opatowicka, Straße (Dorfstraße, Ottwitzstraße, Neuhaus) 9
Ostrów Tumski (Dominsel) 10, 12–14, 36, 105
Partyzantów, Höhe (Liebichshöhe) 9, 14
Pereca Icchaka Lejba, Platz (Rehdigerplatz) 9
Piaskowa, Insel (Sandinsel) 9, 12, 14, 17, 84, 93, 94, 96
Piastowska, Straße (Memellandstraße, Piastenstraße) 13
Piękna, Straße (Schönstraße) 9
Pilczyce, Stadtteil (Pilsnitz) 11
Piłsudskiego Józefa, Straße (Gartenstraße) 12, 15, 126, 127
Podwale, Straße (Nikolai-Stadtgraben + Schweidnitzer Stadtgraben + Ohlauer Stadtgraben) 53
Polskie, Höhe (Holteihöhe) 10
Południowy, Park (Südpark) 8
Poniatowskiego Józefa, Straße (Blücherstraße) 17
Popowice, Stadtteil (Popelwitz) 11, 14
Powstańców Śląskich, Platz (Hindenburgplatz) 11, 17, 136–139
Powstańców Śląskich, Straße (Kaiser-Wilhelm-Straße, Straße der SA) 8, 9, 11, 12, 131, 132, 135, 137, 140, 141
Powstańców Warszawy, Platz (Lessingplatz) 5, 82, 111
Prądzyńskiego Ignacego, Straße (Löschstraße) 12
Promenada Staromiejska (Altstadtpromenade) 50, 54
Przedmieście Oławskie, Stadtteil (Ohlauer Vorstadt) 108
Psie Pole, Stadtteil (Hundsfeld) 8
Pułaskiego Kazimierza, Straße (Brüderstraße) 12
Purkyniego Jana Ewangelisty, Straße (Breitestraße) 82, 86

Racławicka, Straße (Kurfürstenstraße) 9
Radosna, Straße (Teil der Viktoriastraße) 132
Rapackiego Mariana, Straße (Kaiser-Friedrich-Straße) 11, 17
Rędzin, Stadtteil (Ransern) 9
Rynek (Großer Ring) 8, 10, 12, 16, 23, 25–27, 33, 35, 53, 64–66, 70
Sępolno, Stadtteil (Zimpel) 10
Skłodowskiej-Curie Marii, Straße (Tiergartenstraße) 13
Słodowa, Insel (Vorderbleiche) 90, 91, 94
Słowackiego Juliusza, Allee (Am Ohlau Ufer) 80, 111
Słowackiego Juliusza, Kai (Am Ohlau Ufer) 110
Solidarności, Platz (Wachtplatz) 8
Solny, Platz (Salzmarkt) 8, 31, 48, 49, 64
Stare Miasto, Stadtteil (Altstadt) 14, 23, 26, 29, 32, 64, 65, 79, 93
Strzegomska, Straße (Striegauer Straße) 122
Strzegomski, Platz (Striegauer Platz) 11, 122, 124, 125
Sudecka, Straße (Teil der Hohenzollernstraße) 138, 139
Swojczyce, Stadtteil (Swoitsch) 9
Szczęśliwa, Straße (Augustastraße) 9
Szczytnicki, Park (Scheitniger Park) 121
Szewska, Straße (Schuhbrücke) 67, 68
Sztabowa, Straße (Menzelstraße) 138
Ślęza, Fluss (Lohe) 9
Ślężna, Straße (Lohestraße) 9, 14, 135
Śliczna, Straße (Cretiusstraße) 9
Śródmieście, Stadtbezirk (Innenstadt) 10, 14
Świdnicka, Straße (Schweidnitzer Straße) 6, 15, 26, 27, 46, 50, 53, 54, 126, 127
Świstackiego Stacha, Straße (Brockauer Straße) 11
Tamka, Insel (Matthiasinsel) 94
Tarnogaj, Stadtteil (Dürrgoy) 14
Teatralny, Platz (Zwingerplatz) 46, 51, 52
Traugutta Romualda, Straße (Klosterstraße) 7, 12, 13, 109
Trwała, Straße (Teil der Körnerstraße) 135
Uniwersytecka, Straße (Ursulinenstraße) 42
Widawa, Fluss (Weide) 9
Widawa, Stadtteil (Weide) 9
Widok, Straße (Siehdichfür) 13, 52
Wielka, Straße (Goethestraße) 9, 132
Wiśniowa, Allee (Kirschallee) 138, 141
Wita Stwosza, Straße (Albrechtstraße) 12, 14, 68
Wolności, Platz (Schlossplatz) 10, 15, 56, 59, 65
Worcella Stanisława, Straße (Paradiesstraße) 12
Wróblewskiego Walerego, Platz (Mauritiusplatz) 109
Wyspiańskiego Stanisława, Kai (Uferzeile) 113
Wyszyńskiego Stefana, Kard., Straße (Adalbertstraße) 116, 117
Zacisze, Stadtteil (Wilhelmsruh) 10
Zakrzów, Stadtteil (Sakrau) 8
Zalesie, Stadtteil (Leerbeuthel) 10
Zamkowa, Straße 63
Zaporoska, Straße (Teil der Hohenzollernstraße) 135
Zaułek Pokutniczy, Straße (Altbüßerohle) 77
Żelazna, Straße (Opitzstraße) 9